2018년 최신개정

한식조리기능사 실기 및 한식생활요리 완벽 대비

한국음식의 맛과 멋

강경심 · 김수진 · 김복화

창지사

머리말

한국은 계절의 뚜렷한 차이와 지리적 위치에 따라 각 지방마다 농·임·축산 식품이 다양하게 생산되었으며, 겨울의 추운 날씨로 김장이라는 월동준비 문화가 있고, 여름에는 비가 많이 내리고 장마철이 있어 장아찌를 만들어 여름을 대비하는 등 지역적 특성을 갖춘 음식들이 고루 잘 발달하였습니다.

또한, 식생활에 풍류가 있고, 음식을 통해 교제와 여흥을 즐기고자 하는 식문화와 일상식과 의례음식, 절식과 시식이 발달하였으며, 음식의 겉모양보다 조화된 맛을 중요시하여 다양한 양념을 복합적으로 사용하여 어우러지는 맛을 내는 등 한국 음식은 영양이나 맛에서도 세계적으로 우수한 음식으로 각광을 받고 있습니다.

이에 한식조리의 저변 확대와 이해를 돕고자, 오랜 기간 동안 한국 음식을 연구하고 가르치던 분들이 모여서 한국음식의 이론과 실습을 체계적으로 정리한 본 책을 만들게 되었습니다.

본 책의 구성은 제1부 이론편과 제2부 실기편으로 크게 나뉘어져 있습니다.

제1부에서는 한국음식의 전반적인 식문화와 특징에 관한 기본적인 이해를 기반으로 기술되었고, 제2부는 한국산업인력공단에서 실시하는 한식조리기능사 52종목의 요구사항, 지급재료, 만드는 방법 및 Tip 등을 알기 쉽게 기술하였으며, 난이도가 있는 메뉴는 저자가 직접 제작한 실습 동영상을 첨부하여 요리 만드는 과정을 상세히 확인할 수 있도록 하였습니다.

또한, 제2부는 한식조리기능사 요리뿐만 아니라 수준 높은 한국음식을 배우고자 하는 수요를 반영하기 위해 전통요리 14선을 추가하였고, 한국음식을 생활에 응용할 수 있도록 하기 위해 생활요리 16선을 추가하여 구성하였습니다.

본 책은 2018년 개정된 한식조리기능사 실기 시험 사항을 모두 반영하여 제작된 도서로서 아무쪼록 이 책이 한식조리의 기초를 다질 수 있을 뿐만 아니라 수험생들이 자격증을 취득하는 데 많은 도움이 되기를 바라며, 한식 발전을 위한 지침서가 될 수 있기를 기대해 봅니다.

끝으로, 이 책이 나올 수 있도록 많은 배려와 지원을 해 주신 창지사의 김기섭 사장님을 비롯한 편집부 여러분께 깊은 감사의 마음을 전합니다.

저자일동

목차

제2부 한국음식의 맛과 멋 실기편 • 65

한국음식의 맛과 멋
이론편

제1장

한국음식의 식문화

식문화는 한 사회 또는 나라의 구성원들에 의하여 습득, 공유, 전달되어 온 식생활 패턴 또는 양식이라고 할 수 있다. 한 나라의 식생활문화는 식품의 생산, 조리, 가공, 상차림, 음식 먹는 습관, 용구와 식기 등 여러 요소가 포함되어 있고 각각의 요소마다 그 나라의 자연적, 사회경제적 조건과 그 민족의 특성이 내제된 것이라고 할 수 있다. 이러한 식문화는 식습관을 통해 한 세대의 사람들에게 습득되고 정착화되어 차세대에 전승되는 것이다.

1. 한국 식문화의 특징

1) 한국의 지리적 특징

식문화에 영향을 끼치는 자연조건으로서 고려되어야 하는 것은 지형과 기후, 토양이다. 한국은 유라시아 대륙의 동북부에 위치한 반도국가로 지리적으로 동쪽, 서쪽과 남쪽 삼면이 바다로 둘러싸여 있고, 북쪽으로는 육로로 중국, 러시아 등의 대륙과 연결되어 있다. 북위 33~43도의 북반부 중위도에 위치하며, 경도는 124~132도 사이에 위치하고 있다.

한국의 지형은 산지가 70% 정도로 평지보다 산지가 많고, 북쪽에는 개마공원이 있고, 남쪽으로는 낭림산맥이 있으며, 동해 방향에 태백산맥이 남북으로 길게 뻗어 있다. 그 사이사이에 예성강, 대동강, 한강, 금강, 낙동강을 중심으로 평야가 형성되어 벼농사의 중심이 되어 왔다.

기후는 한대성 기후와 온대성 기후의 이중적 성격을 지니며, 여름에는 30℃를 웃도는 고온다습한 날씨가 계속되다가 겨울에는 영하 10℃ 이하의 한랭·건조한 날씨를 보여 4계절의 차이가 뚜렷하게 존재하였다.

한국은 계절의 뚜렷한 차이와 지리적 위치로 각 지방마다 농·임·축산 식품이 다양하게 생산되었으며, 겨울의 추운 날씨로 김장이라는 월동준비의 문화가 있고, 여름에는 비가 많이 내리고 장마철이 있어 장아찌를 만들어 여름을 대비하는 등 지역적 특징을 갖춘 음식들이 고루 잘 발달하는 계기가 되었다.

2) 제도 및 풍속상의 특징

- 대가족제도 및 가부장제도에 의해 어른 중심의 독상이 발달하였고, 1인 중심의 식탁 구성을 이룬다.
- 상차림은 한꺼번에 차려지는 일체식이며, 첩 수에 따른 반상차림의 구성이 발달하였다.
- 식생활에 풍류가 있어, 음식을 통해 교제와 여흥을 즐겼으며, 공동의식 풍속이 발달하였다.
- 일상식과 의례음식, 절식과 시식이 발달하였다.

3) 조리상의 특징

- 주식과 부식의 구분이 뚜렷하다.
- 음식의 종류와 조리법이 다양하다.
- 음식의 겉모양보다 조화된 맛을 중요시하여, 다양한 양념을 복합적으로 사용하여 어우러진 맛을 낸다.
- 상차림에 따른 음식의 종류가 다양하다.
- 숟가락 등 식기의 발달로 죽이나 국물 등 마시는 음식이 발달하였다.
- 각 지역에 따른 향토음식이 발달하였다.

〈참고자료 1-1〉 한국음식의 식사예절

- 웃어른과 함께 식사를 할 때에는 웃어른이 수저를 든 다음 식사를 시작한다.
- 숟가락과 젓가락을 한 손에 다 같이 들고 사용하지 않도록 하고, 젓가락은 숟가락을 상에 놓은 후 사용해야 한다. 또한, 상 위에서 젓가락 끝을 맞추는 소리를 내지 않도록 한다.
- 숟가락이나 젓가락을 국그릇이나 반찬그릇 위에 걸쳐 놓지 않도록 하고, 밥그릇이나 국그릇은 손으로 들고 먹지 않는다.
- 입속에 너무 많은 양의 음식을 넣지 말고, 입속에 음식을 넣은 채 말을 하는 일은 삼간다.
- 국물은 숟가락으로 떠서 먹되, 소리를 내지 않고 조용히 먹는다.
- 식사 중에 기침이나 재채기가 나면 머리를 돌리고 손으로 가려 남에게 침이 튀거나 지저분한 것이 보이지 않도록 한다.
- 멀리 떨어져 있는 음식이나 양념은 옆의 사람에게 집어 주기를 청하여 받는다.
- 밥이나 반찬을 뒤적거리거나 헤치지 않고, 한쪽에서부터 먹는다. 또한, 젓가락으로 반찬에 붙은 고명이나 양념을 털어 가면서 먹지 않는다.
- 숟가락을 빨거나 젓가락으로 이 사이에 낀 음식을 쑤시지 않는다.
- 음식을 먹는 도중 돌이나 가시가 있을 때 조용히 휴지에 싸서 버린다.
- 어른과 함께 먹을 때는 먼저 어른이 수저를 내려놓은 다음 내려놓는다.
- 음식을 다 먹은 후 숟가락을 오른쪽에 가지런히 놓고 냅킨은 접어서 상 위에 놓는다.
- 물을 마실 때 입속을 양치하듯이 소리를 내어 마시지 않는다.
- 이쑤시개는 입을 손으로 가리고 사용하며, 사용 후 아무데나 버리지 않고 남에게 보이지 않게 처리한다.

2. 한국 식문화의 시대적 변화

1) 원시 농경 생활(선사시대와 고조선)

한반도의 농경생활 이전의 시기에는 들짐승이나 산짐승, 조개류 등의 자연물이 주식량원이었다. 수렵, 채집이 식생활의 주가 되었던 구석기 식문화는 주어진 자연환경의 사물을 이용하였으며, 대형석기와 송곳이나 조각칼, 짐승의 이빨이나 뿔, 뼈로 만든 골각제품, 돌로 만든 활 등이 발견되었다.

신석기시대가 되면서 원시 농경생활로 변화하기 시작하였고, 중국의 동북방으로부터 농사를 짓는 이주민이 들어오면서 농사가 시작되었다. 이때 처음 시작된 농업은 잡곡농사였다. 농업을 시작하면서 주거지가 강변에서 구릉지대로 옮겨지게 되었고 취락을 형성하였다. 출토 유물로는 빗살무늬 토기와 도끼, 창끝, 화살촉, 낫, 맷돌 등의 석기가 있다. 빗살무늬 토기 이외에 점선물결무늬 토기도 있다. 돌보습, 돌낫 등 농사용 도구가 나온 것을 보면 농사를 짓고 살았던 것을 알 수 있고, 토기에 담긴 곡식의 낟알도 나왔다. 이는 잡곡농사의 시작이라고 볼 수 있으며, 종류로는 기장, 조, 피, 팥 등이 있었다. 청동기시대에는 시루가 발견되어 곡류를 시루에 찌는 조리가 이루어졌음을 알 수 있다.

2) 농경생활의 정착(삼한시대 및 삼국시대)

철기문화의 영향으로 돌로 만든 농기구 대신 철로 만들어진 농업도구가 등장하게 되면서 농사가 크게 발전하였다. 고구려는 토지가 척박하여 수렵과 채집으로 생활했으며, 발효식품의 가공을 잘하였다. 10월이면 제천행사가 있었는데, 이를 동맹이라 한다. 부여는 토지가 오곡을 재배하기에 적합했고, 영고라는 제천행사가 있었다. 옥저는 토지가 비옥하여 오곡을 경작하기에 좋았다. 10월이면 무천이라는 천제를 지냈다. 예는 농사를 잘 지었고, 양잠을 해서 비단을 만들었으며, 점을 쳐서 그해의 풍작을 기원했다. 북쪽에서는 수렵생활을 하면서 개발한 고기구이인 맥적을 특별히 좋은 음식으로 여겼다. 삼한은 마한, 변한, 진한을 말하는 것으로, 그중 마한은 곡식과 양잠을 했으며, 11월에는 추수감사의 제를 올렸다. 진한은 토지가 비옥하여 벼농사가 잘 되었으며 철이 생산되었다.

3) 한국 식생활문화의 기본 구축(삼국시대와 통일신라시대)

삼국시대에는 왕권이 확립되면서 농업을 기본산업으로 하여 국력과 영토 확장을 해 나갔다. 흉년에 대비하고 양곡의 원활한 공급을 위하여 흉년이 들었을 때에 백성을 구제하기 위하여 춘궁기에 종곡(種穀)을 나누어 주고 추수기에 거두어들이던 진휼제도(賑恤制度) 등을 제도화하였다. 또한, 철기문화의 영향으로 농경기술이 발달하여 벼농사가 크게 보급되었으며, 쌀, 보리, 밀, 콩, 팥, 녹두 등이 주요 곡물로 재배되었다. 도정이나 제분용 용구로 맷돌, 디딜방아 등이 구비되어 있었다. 소, 돼지, 닭, 염소, 오리 등의 가축을 사육하여 육류를 공급하였다.

4세기 고구려 고분인 안악 3호에 입식형의 주방설비가 보이며, 시루를 사용하여 찐 음식이 상용되었다. 무쇠솥이 보급되면서 본격적인 밥 짓기가 시작되었고, 주식과 부식으로 일상식이 구성되어 밥과 함께 먹을 부식이 발달하게 되었다. 술과 장, 메주, 소금 절임 등의 발효식품과 포, 구이, 찜, 나물 등을 만들어 먹었다.

통일신라시대에는 농경의 발달로 쌀의 생산량이 증가하였고, 지방 간의 교류와 외국과의 교류가 성행하여 식생활의 다양화에 많은 영향을 끼쳤다. 당시 당나라와 무역을 통해 해물, 인삼, 다시마 등을 수출하였다. 차를 마시는 풍습이 상류층에 퍼짐에 따라 차에 곁들이는 과정류가 등장하게 되었으며, 특히 강정과 유밀과는 이때 만들어진 것으로 보인다. 이 시대에 개발된 곡물 음식으로는 미숫가루와 단술을 들 수 있으며, 김치류로는 나박김치, 동치미 등의 국물김치가 있다.

4) 한국 식생활문화의 구조 확립(고려시대)

고려시대는 한국 식생활문화의 체계와 구조가 확립된 시기이다. 농업이 발달하면서 곡류를 활용한 떡, 과정류가 의례음식과 명절음식으로 발달하게 되었다. 고려시대는 관료제도의 발달과 불교적 분위기의 심화를 특징으로 했던 시대였다. 숭불정책에 따라 채식을 강조하는 경향이 식생활의 커다란 주류를 이루었으며, 육류를 절제하는 풍습이 식품 발달에 큰 영향을 미쳤다. 숭불정책에 따라 차문화가 성행하였으며, 이와 함께 곁들이는 음식으로서 유밀과가 기호품으로 귀족층 사이에서 크게 유행하였다.

빈번해진 외국과의 교류로 식생활도 변하게 되었으며, 소금의 전매가 국가적 차원에서 이루어져 식생활에 큰 변혁을 가져왔다. 고려 중엽에 송나라와 외교 관계를 맺으면서 상류층의 기호품이던 사탕과 후추를 들여왔고 원으로부터 소주, 상화(霜花), 포도주 등을 받아들였다. 원나라와의 교역이 커진 고려 말기로 오면서 육류를 다시 먹기 시작하였으며, 지금의 불고기 방식인 맥적이 대표적인 요리이다.

고려청자기의 발달이 식기의 고급화를 가져와 식생활문화의 발전을 한 차원 높여 주었고, 조리 방법이 다양하게 발달하여 예전에는 굽고, 끓이고, 삶는 방법이 많았으나 고려에 와서는 기름에 튀기거나 지지는 요리가 있었다.

5) 한국 식생활문화의 발전(조선시대)

조선시대는 한식이 한층 발달한 시대라 할 수 있다. 유교를 국교로 하면서 식생활에 커다란 변화를 가져왔고 현재와 비슷한 한식의 발달이 이루어졌다.

조선 전기의 식생활 풍습은 유교의 영향을 받은 남존여비사상에 의해 '남녀칠세 부동석(男女七歲不同席)'이라 하여 남녀의 동석을 금했고, 가부장제의 발달과 함께 식생활에까지 큰 영향을 주었으며, 남녀가 한 상에서 밥을 먹는 것을 금했다. 주식과 부식을 분리하고 신분이나 형편에 따라 3첩 반상에서 12첩 반상을 차렸다. 목적에 따라 평상시에는 반상, 죽상, 면상, 주안상, 다과상 등을 마련하고, 특별한 경우에는 의례적인 상차림으로 아기가 태어날 때 차리는 삼신상부터 혼례상, 회갑상, 제상 등 통과의례음식이 발달하고, 명절음식이 정립되었으며, 계절적 요인에 따른 시식과 절식도 발달하게 되었다.

조선 후기의 식생활은 한식의 완성시대로서 식생활에 새로운 전기를 마련하였다. 임진왜란 이후에는 고추, 호박, 감자, 수박, 옥수수 등이 전래되면서 음식문화 발전에 크게 기여하였다. 임진왜란, 병자호란, 가뭄, 장마 등의 재앙으로 구황식이 발달하게 되었고, 백성의 전국적인 이동으로 지방 음식이 발달하여 향토음식으로 정착되었다. 양반과 서민의 식생활 관습이 하나로 통일되면서 한식의 완성이 이루어졌고, 담배 등 기호품의 수입이 식생활의 다양화를 가져왔다. 이 밖에 『규합총서(閨閤叢書)』나 『음식지미방(飮食知味方)』 등에 의해 조리 및 각종 문집들이 다투어 이 시대의 생활사와 풍속사를 정리해 주었다.

외국인들에 의해 들어온 서양요리와 서양식생활의 풍속이 일부 개화된 사람들에게 퍼졌고 궁중에서는 전국에서 올라오는 각종 진귀한 재료로 조리 기술을 가진 주방 상궁에 의하여 한국음식이 최고로 발전하는 절정기를 누렸다.

6) 한국 식생활문화의 변화

20세기에 들어와서는 서양의 문화와 중국과 일본의 음식들이 들어오게 되면서 한국음식에도 많은 영향을 주어 고유성이 변화되었다. 큰 사건 중의 하나는 커피가 유입된 것으로 1890년 궁중에 처음 들어왔으며, 당시 고종은 못 말릴 정도의 커피 애호가였다고 알려지고 있다. 또한, 이 시기에 손탁이 호텔을 열게 되면서 우리나라에 서양음식을 도입하게 되는 계기가 되었다. 1901년의 국권침탈 또한 밀가루, 청량음료, 식용유, 통조림 등의 외래 상품이 유입되는 계기가 되었다.

1980년대에 이르러 고도의 경제 성장과 급격한 산업화로 인해 식품 및 외식산업이 크게 발달하면서 식생활이 서구화되어 가고 있어 한국 고유의 전통 음식의 정체성을 확립해야 할 필요성이 더욱 커지고 있다.

3. 한국음식의 특징

1) 한국음식의 특징

(1) 주식과 부식의 구분

한국음식은 밥을 주식으로 하여 여러 가지 부식을 먹는 것이 일상적인 형태로, 주식으로 부족해지기 쉬운 영양을 부식으로 균형을 맞추어 한 끼 식사가 되도록 하였다. 부식으로는 채소류, 육류, 어류, 해초류 등의 다양한 재료들을 이용하여 조리법을 달리한 많은 찬 종류가 발달하였으며, 재료와 조리법의 중복을 피한 상차림이 되도록 하였다.

(2) 곡류 가공 발달

농경국가로서 쌀을 주식으로 재배하면서도 잡곡과 콩 재배도 활발하여 쌀을 비롯하여 보리, 밀, 콩, 조, 메밀, 팥, 수수, 옥수수 등의 잡곡들을 이용한 가공식품이 발달하였다. 곡류로 만든 음식으로는 죽, 밥, 국수, 만두, 수제비, 묵, 떡, 한과, 음청류 등이 있고, 콩류로 만든 음식으로 간장, 된장, 고추장, 두부 등이 있다.

(3) 일상식과 의례식의 구분

일상식 상차림에는 죽상, 반상, 면상, 주안상, 교자상, 다과상 등이 있으며, 의례식 상차림에는 삼신상, 백일상, 돌상, 관례상, 혼인상, 폐백상, 큰상, 제사상 등이 있다. 유교 의례를 중히 여겼으며, 일상식은 독상 중심이었다. 또한, 조반과 석반을 중히 여겼다. 반드시 어른이 먼저 들고 나서 아랫사람들이 먹었으며, 국물음식은 오른쪽에, 뜨거운 음식은 앞에, 밑반찬은 왼쪽에 놓고, 수저를 놓는 자리나 사용법, 음식을 먹는 순서, 식사예법도 엄격하였다.

(4) 다양한 음식의 종류와 조리법

한국음식의 주식은 밥, 죽, 미음, 국수, 만두, 냉면, 떡국, 칼국수, 수제비 등 350여 가지 이상이 있고, 부식으로는 육류인 쇠고기, 돼지고기, 닭고기, 꿩고기, 오리고기 등과 어류인 조기, 고등어, 명태, 대구, 민어, 꽁치, 멸치, 아귀, 복어, 메기, 미꾸라지 등뿐만 아니라 해조류, 조개류, 연체류, 갑각류, 채소류 등을 재료로 하여 국, 찌개, 구이, 전, 조림, 볶음, 편육, 나물, 생채, 젓갈, 포, 장아찌, 찜, 전골, 김치 등 1,500가지 이상의 조리법이 있다. 일상식 외에 떡, 과자, 엿, 화채, 차, 술 등의 후식과 기호 음식들이 800여 가지가 있고, 떡 종류도 200여 가지가 넘는다.

(5) 저장식품의 발달

각 계절에 따라서 장 담그기, 김장 담기, 채소 말리기, 젓갈 담기, 포 만들기 등 저장 발효식품과 건조 저장식품을 만들어 먹었다. 우리나라 지형의 특성상, 동서 지역, 산간과 평야, 해안에 따른 풍토상의 특성이 식문화에 영향을 미쳐 지역별 농산물의 차이와 음식 조리법에 있어서도 차이를 나타내고 있다. 장류는 담는 방법과 장독대 모양의 차이로 나타나고 있고, 김치의 경우는 지방에 따라 기후의 차이가 있어 간을 다르게 하여 맛을 보완하였고, 젓갈은 각 고장의 조개류와 생선의 종류별로 발달된 것이 특징이다.

(6) 약식동원(藥食同源) 사상

음식의 재료 배합이나 양념의 쓰임에 있어 '입으로 먹는 음식은 몸에 약이 된다.'는 사상이 나타나 있다. 이는 조선시대의 효를 근본으로 하는 유교에서 비롯된 것으로, 보통 음식에 꿀, 인삼, 생강, 대추, 밤, 오미자, 구기자, 당귀 등을 사용하였으며, 식용 가능한 산채의 어린 잎이나 열매, 뿌리, 나무의 어린 싹, 나무껍질 등을 부식의 재료로뿐만 아니라 병과류에도 활용하였다. 특히 꿀과 참기름이 많이 들어가는 약과, 약식, 약주 등의 음식에 '약(藥)'자를 붙였다.

(7) 다양한 양념과 고명

음식의 맛을 낼 때 '갖은양념'이라고 하여, 간장, 소금, 고추장, 된장, 설탕, 식초, 파, 마늘, 생강, 깨소금, 참기름, 후춧가루, 고춧가루, 겨잣가루, 계피, 천초, 참기름, 들기름 등의 양념을 용도에 따라 골고루 사용하여 식품 자체의 맛보다 양념과 어우러진 복합적인 맛을 즐겼다. 고명은 음식의 색감과 맛을 돋우어 주는데, 달걀 황·백지단, 알쌈, 미나리초대, 잣, 은행, 호두, 밤, 대추, 표고버섯, 석이버섯, 실고추, 고기완자 등을 사용하여 음시을 장식하고 아름다움과 멋을 낸다.

(8) 조리 및 음식 배합의 과학성

동물성식품과 식물성식품 재료를 균형 있게 배합하여 영양적인 면을 고려하였으며, 재료들은 맛, 영양, 향을 위한 과학적인 배합을 알 수 있다. 나물을 무칠 때 깨소금과 참기름을 사용하거나, 쇠고기에 표고버섯과 채소를 같이 사용하는 등 음식 재료 간의 배합을 고려하여 과학적으로 영양소의 상호보완 작용을 해 주면서, 약성효과와 함께 시각적인 면과 미각적인 면을 충족시켜 준다.

(9) 시절음식과 향토음식 풍습

명절이나 절기에 특별한 음식을 만들어 친척이나 이웃과 나누어 먹는 풍습이 있다. 명절음식으로 설날에는 떡국, 정월 대보름에 오곡밥과 묵은나물, 추석에는 송편 등을 먹었다. 시절음식은 제철에 나오는 신선한 재료로 음식을 만들어 먹는 풍습이다.

향토음식은 그 지역의 특산물을 재료로 하여 그 지역에서만 전수되어 오는 고유한 조리법으로 만들어지는 음식이며, 토속 민속음식으로서 가치가 대단히 크다.

2) 한국음식의 상차림

(1) 반상(飯床)차림

반상차림은 일상식으로 하고 있는 상차림으로, 밥을 주식으로 하고 여러 가지 찬을 차리는 것을 기본으로 한다. 반상은 독상이 기본이며, 첩 수에 따라 3첩, 5첩, 7첩, 9첩, 12첩으로 구분된다. 12첩은 임금님만을 위한 수랏상차림이다.

> **[상차림]** 한 상에 차려지는 주식류와 부식류를 배선하는 방법
> **[반상(飯床)]** 반상기의 준말. 밥과 반찬을 주로 하여 격식을 갖춘 상차림
> **[첩]** 밥, 김치, 찌개(조치), 종지(간장, 고추장, 초고추장)를 제외한 쟁첩(접시)에 담는 반찬의 수

반상차림은 반찬은 재료와 조리법의 중복이 없도록 하고, 동물성식품과 식물

성식품, 오방색이 적절히 조화를 이루고 있으며, 영양소의 균형이 이루어진 과학적인 상차림이다. 상차림에서는 국물이 있는 음식과 별식은 오른편에, 뜨거운 것은 앞쪽에, 찬 음식은 왼쪽에 놓는다. 밥은 왼쪽에, 국은 오른쪽에 둔다. 수저는 오른편에 놓는데 숟가락은 안쪽으로, 젓가락은 바깥쪽으로 놓는다.

〈표 1-1〉 반상차림의 첩 수별 메뉴 구성

구분	첩 수에 들어가지 않는 음식(기본음식)							첩 수에 들어가는 음식(쟁첩에 담는 음식)										
	밥	국	김치	장류	찌개(조치)	찜(선)	전골	나물		구이	조림	전	마른반찬	장과	젓갈	회	편육	수란
								생채	숙채									
3첩	1	1	1~2	1	–	–	1	택1		택1		–	택1			–	–	–
5첩	1	1	2	2	1	–	1	택1		1	1	1	택1			–	–	–
7첩	1	1	2	3	2	택1		1	1	1	1	1	택1			택1		–
9첩	1	1	2	3	2	1	1	1	1	1	1	1	1	1	1	택1		–
12첩	1	1	2	3	2	1	1	1	1	1	2 찬 구이 더운 구이	1	1	1	1	1	1	1

〈표 1-2〉 반상에 사용되는 그릇의 용도

종류	용도	종류	용도
주발	남자용 밥그릇	보시기	김치그릇
바리	여자용 밥그릇	조치보	찌개, 찜그릇
봉바리	꼭지가 달린 여자용 밥그릇	쟁첩	반찬그릇
합	어린이용, 노인용 밥그릇	종지	간장그릇
탕기	국그릇		

(2) 죽상차림

죽상차림은 이른 아침에 초조반으로 내거나 간단히 차리는 상으로 죽, 응이, 미음 등의 유동식을 주식으로 하고 간단한 찬을 준비한다. 죽상에 올리는 김치류는 국물이 있는 나박김치나 동치미, 찌개는 맑은 젓국찌개나 소금으로 간을 한

맑은 조치, 마른찬은 육포나 북어무침, 매듭자반 등으로 함께 차린다. 죽은 종류에 따라 간장, 소금, 설탕, 꿀 등으로 간을 하고, 합에 담고 작은 공기를 옆에 놓아 조금씩 덜어 먹게 한다.

(3) 장국상(면상)차림

장국상은 국수나 만두, 떡국으로 차리는 상으로 면상(麪床)이라고도 하며, 점심 또는 간단한 식사 때 차리는 상차림이다. 찬품으로는 찜, 전유어, 겨자채, 잡채, 편육, 배추김치, 나박김치, 생채 등을 곁들인다. 주안상을 대접할 경우 주안상을 먼저 낸 후 면상을 내기도 한다. 생일, 회갑, 혼례 등의 경사 때에는 큰상(고임상)을 차리고, 경사의 당사자 앞에 면과 간단한 찬을 놓는 입매상(면상)을 차린다.

(4) 주안상차림

주안상은 술을 대접하기 위해 차리는 상차림으로 청주, 소주, 탁주 같은 술과 함께 전골이나 찌개 같은 국물이 있는 뜨거운 음식과 전유어, 회, 편육, 김치, 과일, 떡, 한과류 등을 술안주로 낸다. 내는 술의 종류에 따라 음식의 조미를 고려한다.

(5) 교자상차림

교자상은 명절이나 잔치 때 여러 사람이 함께 둘러 앉아 식사할 수 있도록 차리는 상차림이다. 교자상은 주식과 부식의 구분 없이 다양하게 음식을 내는 것이 특징이다. 잔칫날 교자상은 반상, 면상, 주안상 모두가 함께 어울린 상차림이다. 주식은 면, 떡국, 만둣국 중 계절에 맞는 것을 택하고, 탕, 찜, 전유어, 편육, 적, 회, 채, 신선로 등과 배추김치나 오이소박이, 나박김치, 장김치 중에서 택하여 음식을 준비한다. 후식으로는 떡, 숙실과, 생과일, 화채, 차 등을 마련한다. 얼교자상은 교자상보다 간단하게 차린 상을 말한다.

(6) 다과상차림

주안상이나 교자상에서 나중에 내는 후식상으로 차리거나 또는 식사 대접이 아닐 때에 손님에게 차와 과자 등을 간단히 내는 상차림이다. 보통 손님이 왔을 때 식사를 대접하기 전에 차린다. 차와 유밀과, 각색편, 다식, 숙실과, 화채 등을 고루 차려낸다.

(7) 큰상차림

혼례, 회갑, 희년(만 70세), 회혼례(결혼 만 60년) 등에 차리는 상차림이다. 편, 숙과, 생실과, 유과 등을 높이 고여서 상의 앞쪽에 색을 맞추어 배상하며, 상을 받는 주빈 앞쪽에 면상을 차린다. 괴는 음식은 계절, 가풍, 형편에 따라 조금씩 다르지만 대체로 유밀과, 강정, 다식, 생실과, 건과, 전과, 편, 어물, 편육, 전유어, 초, 적 등을 차린다.

3) 통과의례 음식

[통과의례] 사람이 출생하여 생을 마칠 때까지 한평생 사는 동안 작은 고비를 지날 때 치르는 의례로 출생, 백일, 돌, 관례, 혼례, 회혼례, 상례, 제례 등이 있다.

(1) 출생(出生)

아기가 태어나면 삼신께 아기의 탄생과 순산을 감사하는 뜻에서 삼신상(三神床)을 차리는 의식이다. 삼신상에는 흰쌀밥과 미역국을 각각 3그릇씩 놓고, 산모에게는 첫국밥으로 흰밥과 쇠고기 미역국을 삼칠일까지 대접한다. 음식을 준비할 때는 아기의 수명장수를 기원하는 뜻에서 쌀은 아홉 번 씻고, 미역은 접거나 끊지 않은 장곽으로 끓이는 것이 관례로 되어 있다.

(2) 삼칠일(三七日)

아기가 태어난 지 세 번째 칠일인 21일째 되는 날로서 대문에 달았던 금칠을 떼어 외부인의 출입을 허용하고 새 아기의 선을 보인다. 가족과 친지들이 방문하여 아기의 탄생을 축하하고 산모의 노고를 치하한다. 축하 음식으로는 흰쌀밥, 고기를 넣고 끓인 미역국과 백설기를 마련하는데, 아기와 산모를 삼신(三神)의 보호 아래 둔다는 의미에서 집안에 모인 가족끼리만 나누어 먹었다.

(3) 백일(百日)

아기가 출생 후 백일이 되는 날로 아기를 위한 백일상이 차려지고, 친척과 이웃들은 아기에게 필요한 선물을 가지고 가서 백일을 무사히 넘긴 데 대한 경하와 함께 앞으로 건강하게 자라라는 의미의 축복을 한다. 백일떡은 백 명에게 나누어 먹이면 백수를 한다하여 이웃과 친척에 나누어 돌리며 그릇을 돌려줄 때는 씻지 않은 채 그대로 돈이나 실을 담아 답례로 보낸다. 백일상에는 흰쌀밥, 미역국, 푸른색의 나물, 신성의 의미가 담긴 백설기, 잡귀를 막아 부정한 것을 예방한다는 찰수수경단, 만물의 조화를 뜻하는 오색송편 등이 차려진다.

(4) 돌상

아기가 태어나서 만 1년이 되면 첫 생일을 축하하는 의미로 차리는 상차림이다. 음식은 흰밥, 미역국, 푸른색 나물(미나리 등을 자르지 않고 긴 채로 무친 것), 백설기, 오색 송편, 찰수수경단, 생실과, 쌀, 삶은 국수, 대추 등을 준비하며, 그 외에 흰 타래실, 청홍 비단실, 붓, 먹, 벼루, 천자문, 활과 화살, 돈 등을 상 위에 차려 놓는다. 이때 마련되는 음식과 물건은 아기의 수명장수(壽命長壽)와 다재다복(多才多福)을 바라는 마음으로 준비된다. 돌잡이 할 때는 아기가 집는 것에 따라 장래를 점치고 재주를 가지고 복을 받기를 기원한다. 즉 쌀은 식복이 많은 것을 기원하는 뜻이고, 면, 흰 타래실과 국수는 수명장수, 대추는 자손 번창을 비는 의미이며, 찰수수경단은 모든 잡귀를 몰아내는 의미로 상에 올렸다. 청·홍비단실은 장수와 함께 앞으로 금실이 좋기를, 붓·먹·벼루·책은 앞으로의 문운(文運)을, 활은 무운(武運), 돈은 부귀와 영화를 기원하는 뜻을 담고 있다.

(5) 폐백상

혼인식을 올린 신부가 시부모님과 시댁 어른들께 첫인사를 드리는 예를 행할 때 신부측에서 마련하는 음식이다. 폐백음식은 집안이나 지역에 따라 다소 차이가 있지만 대체로 대추, 쇠고기산적, 육포, 닭산적 등을 준비한다. 폐백을 드리면서 신부가 시부모에게 절을 올리면 시어머니는 대추와 생률 등을 신부의 치마폭에 던져 주며 '아들 딸 많이 낳아서 잘 길러라.'고 덕담을 한다.

(6) 회갑상

부모의 만 60세 생신에 차려드리는 연회로서 자손들이 모여 베풀어 드린다. 혼례상과 같은 고배상을 차리고, 자손들이 차례차례 잔을 올려 헌주를 한 후 초청한 손님들에게 국수장국을 비롯한 여러 가지 음식을 고루 차려 대접한다. 고배상에 차리는 음식의 종류나 품수, 높이, 위치 등에 관한 규정은 없으므로 가정의 형편에 따라 정한다. 음식의 높이와 그릇 수는 홀수로 한다.

(7) 제례(祭禮)상

제사(祭祀)는 조상의 제사를 모시는 의례로 고인의 망일(亡日) 전날 밤에 고인을 추모하는 뜻에서 지내는 의식 절차이며, 정월 초하루, 추석 등의 명절에는 차례를 지낸다. 제사상차림은 지역이나 가풍에 따라 차이가 있으나 고춧가루나 마늘 등의 양념은 사용하지 않는다. 준비한 제수는 진설법에 따라 정해진 위치에 놓는다.

① 제수의 준비

- 메 : 흰밥을 말하며, 추석에는 송편, 설에는 떡국으로 대신한다.

- 탕(국): 단탕(單湯), 3탕(육탕, 어탕, 소탕), 5탕(육탕, 어탕, 소탕, 봉탕, 잡탕)으로 형편대로 하며 국물은 적게 하고 건더기를 소복하게 담는다.
- 적(炙): 형편에 따라 단적, 3적(육적, 어적, 소적), 5적(육적, 어적, 소적, 봉적, 채소적)으로 한다.
- 전(煎): 저냐를 말하며 육전, 어전, 소전을 올린다.
- 삼색나물: 도라지나물, 고비나물, 시금치나물을 올린다.
- 포(脯): 육포, 어포, 북어포, 건물어, 건전복 등을 올린다.
- 편: 백편, 꿀편, 승검초편, 고물을 얹어 찐 찰편, 멥쌀편 등을 올린다.
- 해(醢): 생선젓갈, 소금에 절인 조기를 쓴다.
- 혜(醯): 밥알을 삭혀 만든 식혜의 건더기만을 담는다.
- 침채(沈菜): 물김치로 대개는 나박김치를 희게 담아 쓴다.
- 과실(果實): 생과와 조과를 종류별로 각각 그릇에 괴어 담는다. 생과 중 복숭아는 쓰지 않으며, 밤은 생률치기를 하고 다른 과일은 위아래를 도려낸 다음 꼭지가 위로 가게 담는다.
- 제주(祭酒): 약주를 사용한다.
- 청장(淸醬): 순수한 간장으로 종지에 담는다.
- 숙수(熟水): 찬물에 밥알을 조금 풀어 만든 일종의 숭늉으로 신위 수대로 그릇에 담는다.

② 진설법

제수를 진설할 때는 제주가 바라보는 쪽에서 오른쪽이 동, 왼쪽이 서이다. 진설은 제주 편에서 맨 앞줄에 과실류, 그 다음 줄에 포와 나물, 셋째 줄에 국수, 떡류, 넷째 줄에 적과 전납, 다섯째 줄에는 메와 탕(국)을 놓는다.

- 홍동백서(紅東白西): 홍색과일은 동쪽에, 백색 과일은 서쪽에 진설한다.
- 어동육서(魚東肉西): 생선적은 동쪽, 육적은 서쪽에 진설한다.
- 동두서미(東頭西尾): 생선의 머리가 동쪽, 꼬리는 서쪽으로 진설한다.

- 좌포우혜(左脯右醯): 포는 왼쪽, 식혜는 오른쪽에 진설한다.
- 조율시이(棗栗柿梨): 왼쪽부터 대추, 밤, 감, 배의 순으로 진설한다.

4) 한국의 절식과 시식

우리나라는 1년을 24절기로 나누고, 각 절기에 생산되는 제철 식재료로 음식을 만들어 먹었으며, 이를 절식(節食)이라고 한다. 또한, 사계절에 나는 제철 식재료로 만드는 음식을 시식(時食)이라고 한다.

(1) 설날(정월 초하루)

설날은 일 년의 시작을 뜻하며, 새해의 첫날을 맞아 새로운 몸가짐으로 가내 만복을 기원하고 세찬과 세주를 마련하여 조상께 차례를 올린다. 원단(元旦), 원일(元日), 세수(歲首)라고도 한다. 새해가 시작되는 첫날이므로 새 옷으로 단장하고 새로운 몸가짐으로 일 년간의 복을 기원하는 날이다. 떡국, 만두, 약식, 인절미, 단자류, 주악, 편육, 빈대떡, 강정류, 식혜, 수정과, 강정류 등과 함께 세주를 먹는다.

(2) 입춘절식(立春節食)

봄이 시작되는 때이므로 입춘대길(立春大吉)이란 글을 써서 대문이나 기둥에 붙인다. 농가에서는 보리의 뿌리를 파 보았을 때 세 가닥이면 풍년, 두 가닥이면 평년, 가닥이 없거나 뿌리가 시들었으면 흉년이라고 생각하는 맥근점(麥根占)을 하는 등 농경의 풍성함을 기원하는 행위가 있었다. 입춘오신반(立春五辛盤)으로 움파, 산갓, 당귀 싹, 무, 미나리 싹 등을 사용한 매운 요리를 만들어 새봄의 미각을 돋우었다. 음식으로는 탕평채, 승검초산적, 죽순나물, 죽순찜, 달래장, 달래나물, 냉이나물, 산갓김치를 먹는다.

(3) 상원절식(上元節食, 정월 대보름)

정월 대보름이라 하며 특히 달맞이와 관련된 것으로 마을의 풍년과 태평을 점치는 달집태우기, 건강을 비는 답교, 더위팔기, 풍작을 기원하는 석전, 줄다리기, 고싸움 등의 행사가 있었다. 약밥과 쌀, 조, 수수, 팥, 콩 등 다섯 가지 곡식을 섞어 지은 오곡밥을 먹고, 상원일 아침 해가 뜨기 전 귀밝이술을 차게 해서 한잔씩 마시는데, 귀가 밝아지고 1년 내내 좋은 소식만 들려오도록 기원하며 먹는 술이다. 부럼이라 하여 생밤, 호두, 은행, 잣, 땅콩 등 견과류를 새벽에 깨물어 먹으면 1년 내내 태평하고 종기, 부스럼 등이 생기지 않으며, 치아가 튼튼하기를 기원하기도 하고, 복쌈으로 잎이 넓은 취나물잎, 피마자잎, 김 등에 복을 싸서 먹는다고 하여 풍년이 들기를 기원하기도 하였다.

(4) 중화절식(中和節食)

2월 초하루를 농사를 시작하는 날로 정하고 노비송편이라 하여 크게는 손바닥만 하게, 작게는 달걀만 하게 만들어, 노비들에게 나이 수대로 송편을 나누어 주었다. 이 떡을 나이떡이라고도 하며, 이 날을 노비일 또는 머슴날이라고도 하였다.

(5) 중삼절(重三節, 삼짇날)

음력 3월 3일을 중삼, 또는 삼짇날이라고 하며, 강남 갔던 제비가 돌아온다는 날이다. 겨우내 갇혀 있다가 화창한 봄을 맞으면서 무성한 풀을 밟고 풍류를 즐기며 화전놀이를 하였다. 화전, 진달래화채, 화면, 향애단, 탕평채를 먹었다.

(6) 한식(寒食)

청명일이라고도 하며 동지로부터 105일째 되는 날이다. 성묘는 1년에 4번 정초, 한식, 단오, 중추 때 하는데 제물로는 술, 과일, 포, 식혜, 떡, 국수, 탕, 적 등을 쓴다.

(7) 등석절식(燈夕節食)

음력 4월 8일은 석가탄신일로서 불가(佛家)에서는 이 날 저녁에 집집마다 연등하고 손님을 초대하여 느티떡, 미나리강회, 콩조림 등 소찬으로 대접하였다.

(8) 단오절식(端午節食)

음력 5월 5일을 단오, 수릿날, 중오절, 천중가절(天中佳節)이라고도 한다. 여자들은 창포 달인 물로 머리를 감고 그네놀이를 하고, 남자들은 씨름을 하며 즐겼다. 수리취떡, 알탕, 제호탕, 도미찜, 준치국, 붕어찜, 앵두화채 등을 먹었다.

(9) 유두절식(流頭節食)

음력 6월 15일을 유두절이라고 하며, 이 날에는 재앙을 푼다는 의미로 동으로 흐르는 물에 머리를 감은 후 경치 좋은 물가에 음식을 차려서 물놀이를 즐겼다. 떡수단, 보리수단, 상화병, 증편, 밀쌈 등을 먹었다.

(10) 삼복절식(三伏節食)

하지 후 셋째 경일을 초복, 넷째 경일을 중복, 입추 후 첫 경일을 말복이라고 한다. 여름 중 가장 더운 때가 삼복 한 달간이므로 땀을 흘려 피로를 느끼기 쉽고, 이때 몸을 보신하기 위하여 음식을 장만하여 즐겼다. 육개장국, 삼계탕, 편수, 임자수탕, 민어탕 등을 먹었다.

(11) 칠석절식(七夕節食)

음력 7월 7일을 칠석일이라 하여, 견우와 직녀가 만나는 날을 기념하였다. 아낙네들은 마당에 바느질 차비와 음식을 차려놓고, 길쌈과 바느질을 관장한다는 직녀에게 길쌈과 바느질을 잘하게 해 주기를 기원한다. 밀전병, 증편, 밀국수를 먹는다.

(12) 백중절식(百中節食)

망혼일(亡魂日)이라 하며, 음력 7월 15일에 채소, 과일, 술, 밥 등을 차려 놓고 죽은 어버이의 혼을 부르는 날이다. 절식으로는 게장, 게찜, 두부, 순두부, 햇과일, 떡, 어리굴젓 등을 먹는다.

(13) 추석절식(秋夕節食)

음력 8월 15일로 가배일, 중추절, 가위, 한가위라고도 한다. 우리나라의 설날과 함께 큰 명절로 새 옷으로 단장하고 햇곡식으로 떡을 빚고 밤, 대추, 감 등의 햇과일로 선조께 다례(茶禮)를 지내며 성묘하는 날이다. 신라 유리왕 때 왕녀 두 사람으로 하여금 각 부내의 여자를 모아서 두 패로 나눠 7월 15일부터 8월 15일까지 대궐 안에서 길쌈을 경쟁하여 진 편이 이긴편에게 주연을 마련하여 축하하도록 하였다. 여기서 추석이 유래되었으며, 팔월 한가위라고도 한다. 햅쌀송편, 토란탕, 화양적, 지짐누름적, 닭찜, 윤란, 조란, 밤초, 햇콩밥, 햇밤밥, 송이찜, 햇과일 등을 즐겼다.

(14) 중구절식(重九節食)

음력 9월 9일은 양수가 겹치는 날로, 중양절이라고도 한다. 삼짇날에 온 제비가 강남으로 날아간다는 날이다. 이 날은 국화를 감상하며 풍류를 즐겼다. 절식으로 국화전, 국화주, 국화화채, 도루묵찜이 있다.

(15) 시월상달(十月上-)

10월은 1년 동안의 농사로 햇곡식과 햇과일 등이 풍성해지는 시기로 상달이라고 하여 열두 달 중 첫째가는 달로 여겼다. 햇곡식으로 술을 빚고 만들어 붉은 팥으로 고물을 얹어서 찐 팥 시루떡과 난로회, 연포탕을 먹는다.

(16) 동지절식(冬至節食)

동지는 아세(亞歲)라 하여 민간에서는 작은 설이라 하였다. 일년 중 낮이 가장 짧은 날이며 팥죽으로 역귀를 쫓았던 풍속이 있다. 팥죽이 대표 절식이며, 찹쌀가루를 반죽하여 구슬처럼 빚은 새알심을 넣어서 쑤어 먹는다.

(19) 납향절식(臘享節食)

동지가 지나고 3번째 미일(未日)을 납일이라 하여 한 해 동안 지은 농사형편을 여러 신에게 고하는 제사를 지냈다. 제물은 사냥해 온 멧돼지나 산돼지를 쓰며, 이를 납향이라 한다. 이외에 전략, 제육, 참새고기구이, 산토끼구이 등을 먹는다.

(18) 대회일(大晦日)

섣달그믐을 말하며, 이날 밤 일 년을 마무리하고 새로운 마음으로 새해를 맞이한다고 하여 제야(除夜)라고 한다. 음식으로는 잡과병, 주악, 떡국, 만두, 모둠전골, 통김치, 장김치, 전과, 수정과, 식혜 등을 먹는다.

4. 한국의 향토음식

[향토음식] 그 지방의 자연 환경과 사회적 환경에 의해 영향을 받아 정착된 그 지역의 고유한 토착음식

1) 서울 음식

서울은 조선시대부터 500년 이상 수도였으므로 조선시대 요리 스타일이 많이 남아있으며, 궁중음식이 반가에 전해져서 궁중음식과 유사한 음식이 많다. 서울에서 생산되는 음식 재료는 별로 없으나 전국 각지에서 가져온 여러 가지 재료를

활용하여 다양한 음식을 만들었다. 서울 음식은 짜지도 맵지도 않은 적당한 맛을 지니고 있다. 양반이 많이 살던 고장이라 격식이 까다롭고 맵시, 의례를 중히 여겼으며, 음식의 양은 적으나 가짓수가 많고 모양을 예쁘고 작게 만들어 멋을 많이 낸다.

대표적인 음식에는 주식으로 장국밥, 흑임자죽, 잣죽, 떡국, 국수장국, 비빔국수, 편수, 메밀만두, 꿩만두, 부식으로 설렁탕, 육개장, 신선로, 추어탕, 갑회, 육포, 족편, 전복초, 홍합초, 너비아니, 떡찜, 갈비찜, 편육, 어채, 구절판, 그 외에 장김치, 약식 등이 있다. 떡은 각색편, 느티떡, 상추떡, 각색단자, 매작과, 각색엿강정, 각색다식, 각색전과 등이 있으며, 음청류는 오미자화채, 떡수단, 진달래화채, 원소병, 보리수단, 유자차, 당귀차, 제호탕, 모과차, 계피차, 오미자차, 구기자차 등이 있다.

2) 경기도 음식

경기도는 산과 강이 어우러져 있어 해산물과 산채, 농산물이 풍부하고, 강원도, 충청도, 황해도와 접해 있어 그 지방 음식과 공통점이 많고 이름도 유사한 경향이 있다. 경기도 음식은 서울 음식보다는 소박하며, 간은 세지도 약하지도 않은 중간 정도이고 양념도 수수하게 쓰는 편이다. 고려의 도읍이었던 개성의 음식이 주로 경기도 음식을 대표하며, 개성은 우리나라에서 음식이 가장 호화롭고 다양한 지역 중의 하나이다.

경기도 음식은 주식으로 개성편수, 조랭이떡국, 제물칼국수, 부식으로 개성닭젓국, 홍해삼, 곤쟁이찌개, 호박선, 메밀묵무침, 개성무찜, 개성약과, 모약과, 보쌈김치, 비늘김치, 꿩김치, 순무김치가 있고, 떡으로는 수수부꾸미, 개성주악, 경단, 오메기떡, 장떡, 여주산병 등이 있으며, 음료로 모과화채, 배화채 등이 있다.

3) 강원도 음식

강원도는 산맥을 경계로 산간지방과 해안지방을 이루어 두 지역의 식생활에 차이가 있다. 영서 산간지방은 감자, 옥수수, 콩, 메밀 등의 밭작물과 도토리, 칡, 두릅, 송이 등의 산채와 특용작물인 약초 등이 많고 이들을 이용한 음식이 발달하였다. 영동 해안지방은 명태, 오징어, 미역 등의 수산물이 풍부하여 이를 가공한 황태, 건오징어, 건미역 등과 명란젓, 창란젓 등의 젓갈류를 담갔다.

강원도 음식은 사치스럽지 않고 소박하며 조개류, 멸치 등을 넣어 음식 맛을 내고, 감자, 옥수수, 메밀을 이용한 음식이 많다. 강원도 음식은 주식으로 강냉이밥, 찰수수밥, 팥국수, 감자수제비, 강냉이범벅, 메밀막국수, 부식으로 삼숙이탕, 감자부침, 오징어순대, 오징어구이, 명태식해, 참죽부각, 쇠미역튀각, 쇠미역쌈, 참죽자반, 올챙이묵, 명란젓, 창란젓총떡, 감자송편, 감자경단, 찰옥수수시루떡 등과 감자녹말송편, 옥수수설기, 무송편, 메밀전병이 있다.

4) 충청도 음식

충청도는 기후가 온화하고 강우량도 적당하여 농사 짓기에 적당하며, 쌀, 보리, 고구마, 무, 배추, 목화, 모시 등의 농산물이 많고 늙은 호박을 많이 사용한다. 해안지방에는 굴, 새우, 갈치, 숭어, 가오리, 조기, 꽃게 등의 수산물이 풍부하고, 내륙 지방에는 산채나 버섯 등이 많이 난다.

충청도 음식은 양념을 많이 사용하지 않고 간이 세지 않아 담백하고 소박한 맛을 내며, 양이 많고 맛이 순한 것이 특징이다. 대표 음식은 주식으로 날떡국, 호박범벅, 공주장국밥, 녹두죽, 부식으로 청국장, 호박지찌개, 청포묵, 열무짠지, 쇠머리떡, 호박굴단지, 시래기국, 무지짐이, 호박고지적, 상어찜, 게장, 어리굴젓, 박김치 등이 있으며, 꽃산병, 약편, 곤떡, 해장떡, 쑥버무리, 수수팥떡, 칡개떡 등이 있다.

5) 전라도 음식

전라도는 호남평야의 다양한 곡식과 각종 해산물, 산채 등 다른 지방에 비해 특산물이 매우 풍부하고 해안 지방은 굴, 미역, 김 등의 해조류가 풍부하여 음식의 종류가 다양하다. 전라도는 예부터 부유한 토박이들이 대대로 살면서 좋은 음식들을 전수해 오고 있어 맛깔스런 음식의 고장으로 알려지고 있다. 기후가 비교적 따뜻하여 음식의 간은 센 편이며, 매운맛과 자극적인 맛이 두드러지고 젓갈을 많이 사용하는 편이다.

대표 음식은 주식으로 전주비빔밥, 콩나물밥, 오누이죽, 피문어죽, 대합죽, 부식으로 광주애저, 추어탕, 용봉탕, 머위나물, 꼬막회, 나주집장, 유자정과, 홍어어시욱, 김부각, 들깨꽃부각, 낙지호롱, 죽순채, 겨자잡채, 파산적 등과 나복병, 수리취떡, 감단자 등이 있다.

6) 경상도 음식

경상도는 동해와 남해에 좋은 어장을 끼고 있어 해산물이 풍부하며, 낙동강 주위의 기름진 농토의 농산물도 풍부하다. 음식의 맛은 대체로 맵고 간은 세게 하는 편이며, 멋을 내거나 사치스럽지 않다. 곡물 음식 중 국수를 즐기며, 밀가루에 날콩가루를 섞어서 반죽한 칼국수가 유명하다.

대표 음식은 주식으로 전주비빔밥, 안동건진국수, 밀면, 돼지국밥, 통영비빔밥, 무밥, 갱식, 부식으로 안동식혜, 곰장어요리, 동래파전, 추어탕, 아귀찜, 해물잡채, 콩잎장아찌, 곰치젓갈장아찌 등이 있고, 모시잎송편, 만경떡 등과 진주유과, 우엉정과 등이 있다.

7) 제주도 음식

제주도는 어촌과 산촌, 농촌의 환경을 두루 갖추고 있어 다양한 농축산물이 생산되고 있으나, 쌀은 거의 생산되지 못하고 콩, 보리, 조, 메밀 등의 잡곡과 고구마, 귤 등이 많다. 감귤과 고구마는 제주도의 대표적인 작물이다. 제주도 음식에는 채소와 해초가 주로 사용되며, 돼지고기와 닭고기는 편육으로 이용되고, 수산자원이 풍부하여 옥돔, 자리돔, 전복과 꿩이 흔하다. 음식은 재료가 가진 맛을 그대로 살리며,소박하고 꾸밈이 없고, 맛은 비교적 짠 편이다.

대표 음식은 주식으로 전복죽, 돼지새끼죽, 메밀저배기, 깅이죽, 곤떡국, 부식으로 옥돔미역국, 옥돔구이, 자리물회, 상어지짐, 꿩적, 초기적, 상어산적, 고사리전, 자리젓, 꿩마농김치 등과 오메기떡, 빙떡, 상애떡, 유자청 등이 있다.

8) 황해도 음식

황해도는 곡창지대로 질 좋은 쌀 생산량이 풍부하고 메조, 수수, 기장, 밀, 콩, 팥 등의 작물이 많이 생산된다. 황해도는 예부터 인심이 좋고 생활이 윤택하여 음식의 양이 풍부하고 요리에 기교를 부리지 않으며 구수하면서도 소박하다. 송편이나 만두를 즐기고 밀국수가 흔한 음식이며 여기에는 닭고기를 많이 쓴다. 맛은 짜지도 싱겁지도 않아 충청도 음식과 비슷하다. 김치에는 독특한 맛을 내는 고수와 분디라는 향신채소를 사용하고, 호박김치를 담가 먹으며, 맑고 시원한 국물이 있는 동치미를 만들어 냉면국수나 찬밥을 말아 밤참으로 먹는다.

대표 음식은 주식으로 김치밥, 김치말이, 남매죽, 냉콩국수, 밀범벅, 부식으로 되비지탕, 행적, 청포묵, 돼지족조림, 고수김치, 김치순두부, 연안식해, 황해도고기전, 김치적, 분디장찌개, 호박김치 등과 닭알떡, 된장떡, 오쟁이떡 등이 있다.

9) 평안도 음식

평안도는 서쪽이 서해안과 닿아 있어 해산물이 풍부하고, 평야가 넓어 밭곡식이 풍부하다. 옛날부터 중국과 교류가 많아 평안도 사람의 대륙적이고 진취적인 성품이 음식에도 영향을 미쳐 큼직하고 푸짐하게 만든다. 곡물 음식은 메밀로 만든 냉면과 만둣국처럼 가루로 만든 음식이 많다. 추운 지방이어서 육류 음식을 즐겨 먹으며, 콩과 녹두로 만든 음식이 많다. 음식의 간은 대체로 싱겁고 맵지 않은 편이다. 평양음식이 가장 널리 알려져 있다.

대표 음식은 주식으로 평양냉면, 온반, 닭죽, 생치만두, 굴린만두, 동치미냉면, 김치밥, 강량국수, 느릅쟁이국수, 부식으로 어복쟁반, 녹두빈대떡, 내포중탕, 무곰, 노티, 도라지산적, 순대, 가지김치, 송기떡, 노티 등이 있다.

10) 함경도 음식

지리적으로 춥고 험악한 산간지대로 논농사는 적고 밭농사를 많이 하여 주로 콩, 조, 귀리, 감자, 수수, 피 등이 많이 생산되고 특히 메조, 메수수가 타지역과는 달리 매우 차져서 맛이 좋다. 고구마와 감자도 풍부하다. 수산물로는 청어, 대구, 명태, 연어, 정어리, 넙치 등이 잡힌다. 음식의 모양은 큼직하고 풍성하게 담고 사치를 부리지 않는다. 맛은 짜지 않으나 고추와 마늘 같은 양념을 많이 사용하여 강한 맛을 즐긴다. 함경도 음식으로 가장 유명한 함흥냉면은 녹말가루로 국수를 만들고 생선회를 넣어 비벼먹는 것이 특징이다.

대표 음식은 주식으로 강냉이밥, 함흥냉면, 감자국수, 조밥, 기장밥, 감자막가리만두, 닭비빔밥, 옥수수죽, 부식으로 가자미식해, 도루묵식해, 북어찜, 태석, 섭죽, 되비지찌개, 동태순대, 북어전 등과 가랍떡, 오그랑떡, 달떡, 보리감주 등이 있다.

제2장

한국 음식의 실제

1. 한국음식의 분류

한국 전통음식은 약 2,800가지이며, 주식류에는 밥, 죽, 면(국수, 만두, 떡국), 부식류는 국, 찌개, 전골, 찜과 선, 구이, 전과 적, 조림과 초, 편육과 족편, 생채와 숙채, 쌈, 회, 마른반찬, 장아찌, 젓갈, 김치 등이 있다. 후식류로 떡과 과정류, 음청류로 나눌 수 있다.

1) 주식류

(1) 밥

밥은 대표적인 주식으로서 쌀로 지은 흰밥, 보리, 조, 수수, 콩 등을 넣어 섞어 지은 잡곡밥, 콩나물, 무, 버섯 등의 채소류를 각각 넣어 지은 것과 여기에 어패류, 육류 등을 함께 섞어 지은 별미밥, 밥 위에 각종 나물과 고기 등을 얹어 비벼먹는 비빔밥 등이 있다. 밥맛을 좌우하는 요인에는 쌀의 종류와 건조 상태, 물의 분량, 침수도, 솥의 종류, 열원의 종류 등이 있다. 밥을 지을 때 보통 쌀 분량의 1.2배, 중량의 1.5배의 물을 사용하며, 20~30분 정도 불린 후 가열하는 것이 좋다.

(2) 죽(粥)

죽은 곡물에 5~8배 정도의 물을 넣고 끓여 완전히 호화시킨 것이며, 미음은 쌀 분량의 10배 정도의 물을 넣고 푹 고아서 체에 내리는 것이다. 응이는 곡물을 곱게 갈아 전분을 가라앉혀서 가루로 말렸다가 물에 풀어 익혀 마실 수 있을 정도의 농도로 끓이는 것이다. 죽에는 쌀알 그대로 끓이는 옹근죽, 쌀알을 반 정도 갈아서 끓이는 원미죽, 완전히 곱게 갈아서 쑤는 무리죽이 있다.

죽은 재료에 따라 곡류만 넣어 끓이는 흰죽(옹근죽, 원미죽, 무리죽), 콩죽, 녹두죽, 팥죽, 잣죽, 호두죽, 채소를 넣어 끓이는 호박죽, 콩나물죽, 아욱죽, 육류와 어패류를 넣어 끓인 장국죽, 홍합죽, 전복죽, 타락죽, 행인죽 등이 있다.

미음의 종류에는 쌀미음, 차조미음, 삼합미음 등이 있고, 응이는 수수응이, 연근응이, 율무응이 등이 있으며, 암죽은 모유가 부족할 때 대용식 및 이유식으로 쓰였으며, 식혜암죽, 쌀암죽, 떡암죽, 밤암죽이 있다. 즙은 허약한 사람에게 보양식으로 쓰였던 것으로 양즙, 육즙이 있다.

(3) 면

① 국수류

국수는 생일, 결혼, 회갑, 장례 등 큰일을 치를 때 손님 접대용으로, 평상시에는 점심식사용으로 먹는다. 국수용 육수는 고기육수, 멸치육수 등이 사용되며, 면은 곡물이나 전분의 종류에 따라 밀국수, 메밀국수, 칡국수, 강량국수, 쑥국수, 미역국수 등이 있다. 국수 종류에는 국물을 따뜻하게 해서 먹는 온면으로 장국수, 칼국수 등이 있고, 차게 해서 먹는 냉면으로 무냉면, 비빔냉면, 냉콩국수, 메밀국수 등이 있으며, 국물을 사용하지 않고 먹는 비빔국수 등이 있다.

② 만두류

만두는 중국에서 우리나라로 유입된 음식으로 북쪽지방 사람들이 즐겨먹었다. 만두의 종류는 사용되는 피와 소의 재료에 따라 다양하다. 소에 사용되는 재료는 육류, 어류, 채소류 등이 있다. 병시는 반달형으로 주름이 없고, 규아상은 해삼모양이며, 편수는 네모난 만두피에 소를 넣어 사각형으로 빚어 만든다. 만두는 계절에 따라 봄에는 준치만두, 여름에는 편수와 규아상, 겨울에는 생치만두, 김치만두를 먹는다.

③ 떡국

떡국은 멥쌀로 흰 가래떡을 만들어 동글동글하게 얇게 썰어 육수에 넣어 끓여 먹는다. 설날에 먹는 절식으로 개성지방에서는 조랭이떡국, 충청도지방에서는 생떡국 등을 즐겨 먹는다.

2) 부식류

약 1,500가지로 전체 한국음식의 약 50%를 차지하며, 주식을 보조하고 일상 섭취하는 보조음식으로 국(탕), 전골·찌개류, 나물·생채, 구이, 조림·지짐이, 볶음·초류, 누르미·누름적, 전류, 선·찜류, 강회·무침·수란·회류, 마른반찬, 순대·족편·편육, 쌈, 김치, 장아찌, 젓갈·식해, 묵, 두부가 있다.

(1) 국(탕, 湯)

국은 일상식에서 밥과 함께 차리는 국물이 있는 음식이다. 국의 종류에는 간장으로 간을 맞추어 끓인 맑은장국으로 콩나물국, 대합탕, 북엇국, 미역국, 무국 등이 있고, 된장, 고추장으로 간을 한 토장국으로 냉이국, 시금치국, 아욱국, 배추속대국 등이 있으며, 고기나 뼈를 푹 고아서 소금으로 간을 한 곰국으로 곰탕, 삼계탕, 육개장, 설렁탕, 갈비탕 등이 있다. 여름철에 오이, 미역 등으로 신맛을 내어 입맛을 돋우는 냉국으로는 오이냉국, 미역냉국, 임자수탕 등이 있다. 국의 재료에는 대부분의 식품이 사용 가능하며, 육수에 적합한 쇠고기 부위는 양지머리, 사태, 갈비 등이다.

(2) 찌개(조치)

국보다 국물을 적게 하여 끓인 요리로서 궁중에서는 찌개를 조치라고 불렀다. 간을 맞추는 양념으로 맑은 조치는 간장과 젓국, 토장조치는 된장, 고추장을 쓴다. 간을 맞추는 재료에 따라 된장찌개, 고추장찌개, 젓국찌개 등이 있고, 재료에 따라 김치찌개, 생선찌개, 두부찌개, 버섯찌개 등이 있다. 된장찌개에는 강된장찌개, 청국장찌개, 고추장찌개에는 두부찌개, 대구찌개, 호박감정, 민어감정, 조기감정 등이 있으며, 젓국찌개에는 굴젓국찌개, 애호박찌개, 두부젓국찌개, 준치젓국찌개 등이 있다.

(3) 전골

전골은 재료에 밑간을 하여 전골냄비에 담아 식탁에서 육수를 부어 가면서 직접 끓이면서 먹는 조리법이다. 전골은 반상이나 주안상에 차려지며, 전골을 더욱 풍미 있게 한 신선로(열구자탕)는 교자상, 면상 등에 차려진다. 조선시대 전골냄비는 쇠로 만들어 벙거지 모양의 전립을 뒤집어 놓은 것처럼 생겨서 가운데가 오목하여 육수를 담게 되어 있고 가장자리 부분은 편편하여 고기를 얇게 펴 구워가면서 먹을 수 있게 되어 있다. 육수전골은 주재료에 따라 해물전골, 낙지전골, 쇠고기전골, 조개관자전골, 송이전골, 두부전골, 버섯전골, 곱창전골 등이 있다.

(4) 찜, 선

찜은 국과 찌개에 비해 국물이 적고 재료를 큼직하게 썰어 갖은양념을 하여 푹 익혀서 재료의 맛과 양념이 고루 함께 어울리도록 조리하는 방법으로 반상, 교자상, 주안상 등에 차려진다. 주로 육류, 어패류 등 동물성식품을 주재료로 하고 채소, 버섯, 달걀 등을 부재료로 한다. 육류찜으로 닭찜, 사태찜, 우설찜, 돼지갈비찜 등이 있고, 어패류찜으로 도미찜, 숭어찜, 전복찜, 북어찜이 있다. 찜의 가열 방법은 물을 넣고 익히는 방법과 증기로 찌는 방법, 중탕하는 방법 등이 있다.

선은 일반적으로 호박, 오이, 가지, 두부 등에 쇠고기나 닭고기, 채소 등의 부재료를 소로 채워서 장국을 부어 잠깐 끓이거나 찌기, 볶기의 방법으로 익히는 조리법이다. 가지선, 오이선, 애호박선, 배추선, 채란, 어선, 두부선 등이 있다.

(5) 구이

인간이 불을 사용하기 시작한 이래 최초의 조리법인 불에 굽는 조리법으로 가열 방법에는 석쇠를 이용하는 직접조리법과 번철이나 은박지를 깔고 하는 간접조리법, 오븐을 이용하는 조리법이 있다. 또한, 재료에 조미를 하여 간이 배인 후에 굽는 것과 미리 소금간을 하였다가 기름장을 바르면서 굽는 방법이 있다. 육류구이에는 너비아니, 쇠갈비구이, 맥적, 제육구이, 북어구이 등이 있으며, 어패류구이에는 삼치구이, 고등어구이, 대합구이, 조기양념구이, 오징어구이 등이 있고, 기타 더덕구이, 김구이가 있다.

(6) 전(煎), 적(炙)

전은 기름에 지지는 조리법으로 육류, 어류, 채소류, 버섯류 등의 재료에 소금, 후추로 간을 하고 밀가루, 달걀물을 입혀 번철에 기름을 두르고 지지는 조리법으로, 궁중에서는 전유화(煎油花)라고 하였다. 반상, 면상, 교자상, 주안상 등에 차려지며 초간장을 찍어서 먹으면 더욱 맛이 난다. 육류전으로 완자전, 간전, 처녑전, 채소류전으로 버섯전, 호박전, 두릅전, 깻잎전, 배추전, 파전녹두빈대떡, 풋고추전, 어패류전으로 민어전, 새우전, 굴전 등이 있다.

적에는 산적, 누름적, 지짐누름적이 있는데 산적은 재료를 양념한 후 꼬치에 꿰어서 구운 것을 말하고, 누름적(누르미)은 재료를 썰어 기름에 지져 익힌 후 꼬치에 끼워 밀가루, 달걀 푼 것을 씌우고 번철에 지지는 것을 말한다. 지짐누름적은 재료를 양념하고 익혀 꼬치에 꿰어 전을 부치듯이 밀가루, 달걀물을 씌워 지진 것을 말한다. 산적에는 파산적, 두릅산적, 어산적, 송이산적, 섭산적, 떡산적, 사슬적 등이 있고, 누름적에는 화양적, 잡누르미, 지짐누름적에는 두릅적, 김치적 등이 있다.

(7) 조림, 초

조림은 재료에 간이 충분히 스며들도록 약한 불에서 오래 익히는 방법으로, 궁중에서는 조리개라고 하였다. 기호에 따라 짭짤하게 또는 싱겁게 하며 조금 오래두고 먹을 때는 간을 약간 세게 한다. 조림은 간장을 주로 사용하지만 생선은 비린내 제거를 위해 고추장, 생강 등을 넣어 조린다. 조림에는 감자조림, 호두조림, 연근조림, 멸치조림, 풋고추조림, 두부조림, 갈치조림, 조기조림, 쇠고기장조림 등이 있다.

초(炒)는 원래 볶는다는 뜻이지만 윤기 나게 조린다는 의미로 쓰이기도 한다.

조리법은 조림처럼 녹말을 풀어 넣어 국물을 엉기게 하고 간을 세게 하지 않는 것을 말한다. 초에는 전복초, 홍합초, 삼합초 등이 있으며, 밥반찬이나 술안주로 사용된다.

(8) 편육, 족편, 묵

고기를 덩어리째 삶은 것을 수육이라고 하며, 수육을 베 보자기에 싸서 눌러 굳힌 다음 얇게 썬 것을 편육이라고 한다. 육류의 담백한 맛을 즐길 수 있는 조리법으로 양지머리편육, 우설편육, 제육편육, 쇠머리편육, 돼지머리편육, 삼겹살편육이 있다.

족편은 육류의 질긴 부위인 소족, 사태, 쇠머리, 꼬리 등을 약한 불에서 푹 고아서 콜라겐을 젤라틴화 시켜 석이버섯, 달걀지단, 실고추 등의 고명을 넣어 응고되면 얇게 썰어 먹는 요리이다. 쇠족편과 전약이 있다.

묵은 녹두나 메밀, 도토리의 전분과 물의 비율을 1:6으로 쑤어 그릇에 부어서 응고시킨 것으로, 봄에는 녹두묵, 여름에는 올챙이묵, 가을에는 도토리묵, 겨울에는 메밀묵이 제격이다.

(9) 생채(生菜), 숙채(熟菜), 쌈

생채는 익히지 않은 채소류를 양념에 무친 나물을 의미하며, 초간장, 고춧가루, 식초, 겨자즙, 잣즙 등의 양념으로 재료의 본연의 맛을 살리고 영양의 손실을 막을 수 있는 것이 특징이다. 생채 재료로 주로 이용하는 것은 오이, 도라지, 더덕, 무, 상추, 쑥갓, 당근, 셀러리 등이 있다.

숙채란 익힌 나물을 의미하며, 각종 채소들을 기름장에 볶거나 끓는 물에 데쳐서 양념하기도 한다. 숙채에는 시금치, 미나리, 콩나물, 고사리, 고비, 두릅, 도라지, 버섯류 등 계절에 따른 다양한 재료가 사용되며, 겨울에는 나물을 말려 두었다가 사용하기도 한다. 숙채에는 대표적인 잡채와 물쑥나물, 취나물, 원추리나물, 두릅나물, 엉개나물, 씀바귀나물, 도라지나물, 고사리나물, 애호박눈썹나물 등이 있다.

쌈은 상추, 취나물, 미나리, 깻잎, 배추속대, 미역잎 등 잎이 넓은 생 채소에 밥과 반찬을 함께 싸서 먹는 것으로 날로 먹는 것과 데쳐서 먹는 것이 있다.

(10) 회, 숙회, 강회, 수란

회나 숙회는 생선이나 조개류의 살, 쇠고기의 살, 천엽, 채소류 등을 날것으로 또는 살짝 데쳐서 숙회로 만들어 초고추장, 겨자장, 소금기름 등에 찍어 먹는 음식이다. 강회는 가는 실파나 연한 미나리에 달걀지단, 편육, 홍고추, 버섯 등을 가늘게 썰어 예쁘게 말아 초고추장에 찍어 먹는 음식으로 미나리강회 등이 있다.

수란은 국자에 기름을 고르게 바른 후 달걀을 깨서 담고, 끓는 물에 넣어 중탕해서 반숙으로 익힌 음식이다.

(11) 마른반찬(포, 자반, 튀각, 부각)

마른반찬은 북어나 오징어, 멸치, 김 등의 마른 식품으로 무치거나 볶아서 두고 먹는 밑반찬으로 반상, 주안상, 교자상 등 여러 종류의 상차림에 차려지며 종류에는 포, 튀각, 부각, 자반 등이 있다.

포는 쇠고기, 말고기, 사슴고기 등의 살코기를 얇게 저며 조미한 다음 말리는 육포와 대구, 명태 등의 생선을 저며 조미하여 말리는 어포, 생선류를 소금에 절여 말린 염건어류 등이 있다. 자반은 생선을 소금에 짜게 절여 오래 저장할 수 있게 만든 것이 대표적이며, 나물 또는 해산물을 간장이나 찹쌀풀을 발라 말려서 튀기거나 짭짤하게 조리거나 무친 것이 있다. 튀각은 다시마, 미역 등을 기름에 바싹하게 튀겨 낸 것이고, 부각은 김, 고추, 깻잎 등의 재료를 찹쌀풀이나 밀가루 풀칠을 하여 바싹 말렸다가 기름에 튀겨 먹는 음식이다.

(12) 장아찌(장과, 醬瓜)

장아찌는 채소가 많이 나오는 철에 만들어 둔 후 오랫동안 저장하며 먹기 위한 조리법으로 무, 오이, 도라지, 더덕, 마늘, 고추 등을 간장, 고추장, 된장 등에 넣어 저장하여 그 재료가 귀한 철에 쓰는 반찬으로 장과라고도 한다. 장아찌 재료는 말리거나 절여서 수분 함량을 줄여야 장기 보존이 가능하다. 각종 육류와 어류도 살짝 익혀 된장과 막장 속에 넣어 만들며, 오이나 무 등을 간장에 절인 후 즉석에서 먹을 수 있도록 살짝 데쳐 만든 갑장과도 있다.

(13) 젓갈, 식해(食醢)

젓갈은 생선의 살이나 알, 창자 등을 소금에 절여서 숙성시킨 발효 식품으로 숙성 중 자체 효소에 의하여 단백질이 분해되어 특유의 향과 감칠맛을 주고, 숙성과정 중에 뼈가 연해지므로 뼈째 먹을 수 있어 칼슘의 주요 공급원이 된다. 주로 밑반찬이나 김치를 담글 때 사용된다. 젓갈의 종류에는 명란젓, 조개젓, 새우젓, 꼴뚜기젓, 창란젓, 성게젓, 굴젓, 멸치젓, 황석어젓, 조기젓 등이 있다.

식해는 어패류에 엿기름과 익힌 곡물을 섞어 고춧가루, 파, 마늘, 생강, 후추, 소금 등으로 조미하여 저장하는 음식이다. 함경도의 가자미식해와 도루묵식해, 황해도의 연안식해, 강원도의 북어식해 등이 있다.

(14) 김치

김치는 반찬의 가장 기본이 되는 음식으로 한국음식을 대표하는 것 중의 하나이다. 무, 배추 등을 소금에 절여 고추, 파, 마늘, 생강에 젓갈을 함께 넣고 버무려 익힌 채소 발효식품이다. 김치는 발효할 때 젖산균이 증가하여 독특한 산미를 내고, 고추의 매운맛이 식욕을 돋우고, 소화작용을 돕는다. 또한, 젓갈류가 첨가되면서 비타민과 무기질뿐만 아니라 좋은 단백질의 근원이 되기도 한다. 김치의 맛은 재료의 신선도, 소금에 절이는 농도, 젓갈의 종류, 고춧가루의 양, 기타 첨가되는 재료, 저장 기간 및 온도 등에 영향을 받는다.

김치는 지방에 따라 맛의 특징이 있다. 서울 이북에서는 심심하게 담그고 경상도는 짜게 담그며, 기온이 높은 곳으로 갈수록 소금 간을 세게 한다. 김치의 종류에는 배추통김치, 비늘김치, 장김치, 갓김치, 파김치, 동치미, 깍두기 등이 있다.

3) 떡과 한과

(1) 떡류

떡은 각종 의례, 제례, 절식 등에 이용되는 곡물요리의 대표적인 음식이다. 떡류를 크게 분류하면 시루에 찌는 떡(증병), 찐 다음에 안반이나 절구에 치는 떡(도병), 가루를 반죽하여 모양을 만들어 빚는 떡(단자류), 번철에 지지는 떡(유전병)이 있다.

① 찐 떡(증병, 甑餠)

곡물가루를 시루에 그대로 찌거나 고물을 얹어 가며 켜켜로 안쳐 찌는 떡으로 시루떡이라고도 한다. 종류로는 백설기, 무시루떡, 콩시루떡, 밤설기떡 등이 있다.

② 친 떡(도병, 搗餠)

멥쌀가루나 찹쌀을 시루에 찐 후 안반에 쳐서 끈기가 나게 한 떡으로 멥쌀로 쪄서 치는 가래떡, 절편류, 개피떡이 있고, 찹쌀을 쪄서 치는 인절미가 있다.

③ 삶은 떡(단자류, 團子類)

경단과 같은 것으로 쌀가루나 찹쌀가루를 물로 익반죽한 후 밤톨만 한 크기로 둥글게 빚어서 끓는 물에 삶아 고물을 묻혀 낸다. 콩고물이나 팥, 대추, 밤, 녹두, 흑임자 등을 고물로 사용한다. 은행단자, 석이단자 등이 있으며, 수수경단은 100일부터 9살까지 생일날에 해 주면 액을 면할 수 있다는 풍속이 전해지고 있다.

④ 지진 떡(유전병, 油煎餠)

찹쌀이나 찰 곡식가루를 익반죽한 다음 모양을 빚어 기름에 지진 떡으로 화전, 주악, 부꾸미 등이 있다. 화전에는 진달래화전, 국화전 등이 있고, 부꾸미에는 찰수수부꾸미가 있다. 주악은 찹쌀가루를 익반죽하여 소를 넣고 빚어 기름에 지진 떡이다. 주로 떡을 괼 때 웃기로 쓴다. 대추주악, 은행주악, 석이주악 등이 있다.

(2) 과정류

과정류란 밀가루, 찹쌀가루, 견과류 등에 꿀과 기름을 섞어 만드는 것으로 한국의 전통 과자로서 한과라고 하며, 과줄이라고도 한다. 통일신라시대에 이어 고려시대에는 숭불사상의 영향으로 과정류가 발달하였으며, 특히 고려시대에는 차 마시는 풍습 및 유밀과가 크게 성행하였다. 과정류에는 기름에 지지는 유밀과, 판에 찍어 내는 다식, 기름에 튀기는 강정류, 설탕시럽에 조리는 정과류로 나눌 수 있다.

① 유밀과(油蜜果)

유과라고도 하며 밀가루를 주재료로 하여 꿀, 기름, 술에 반죽하여 기름에 지져 다시 꿀물에 집청하여 만드는 것으로 약과, 만두과, 매작과 등이 있다.

② 다식(茶食)

녹말가루, 송화가루, 승검초가루, 황률, 흑임자가루 등 생으로 먹을 수 있는 가루를 꿀로 반죽하여 다식판에 박아 내는 것으로 주로 차를 마실 때 곁들인다.

③ 강정, 산자(糤子)

찹쌀가루에 술을 넣고 반죽하여 시루에 쪄서 방망이로 꽈리가 많이 일도록 치댄 다음 도마에 밀가루를 뿌리고 판판하게 민다. 더운 방에 종이를 깔고 늘어놓아 꾸들할 때 뒤집어서 갸름하게 손가락처럼 썰어 말렸다가 기름에 지져서 고물을 묻히면 강정이 된다. 종류에는 깨강정, 매화강정, 세반강정 등이 있다.

산자는 이것을 넓고 모나게 썰은 후 기름에 지져내어 집청꿀과 고물을 묻혀 만든다.

④ 전과(煎果)·정과(正果)

전과(정과)는 수분이 적은 과일이나 생강, 연근, 인삼 등을 얇게 저며서 물을 붓고 한소끔 끓여 우려낸 물을 따라 내고, 건더기를 설탕 시럽에 조려서 만든다. 종류는 연근전과, 생강전과, 유자전과, 도라지전과, 동아전과, 당근전과 등이 있다. 빛깔을 희게 할 때는 설탕 대신 꿀을 넣고 조린다.

(3) 숙실과(熟實果)

숙실과란 익힌 과실이란 뜻으로 과실이나 열매를 씨를 빼고 찌거나 삶아 설탕 시럽이나 꿀에 조린 것이다. 열매를 익힌 후 으깨서 설탕이나 꿀에 조린 다음 다시 본래의 형태와 비슷하게 빚은 것을 란(卵)이라 하며, 율란, 조란, 생란이 있고, 열매를 통째로 익혀서 모양대로 꿀에 조린 것을 초(炒)라 하며, 대추초와 밤초가 있다. 숙실과는 다과상, 교자상, 제사상 등에 차려진다.

4) 음청류(飮淸類)

음청류는 술 이외의 기호성 음료를 총칭하는 것으로 화채, 식혜, 수정과, 차 등이 있다. 음청류에는 계절에 따라 봄에는 딸기화채, 가련수정과, 앵두화채가 있고, 여름에는 보리수단, 떡수단, 복숭아화채, 미숫가루가 있으며, 가을에는 유자화채, 식혜, 배화채, 겨울에는 배숙, 수정과, 원소병 등을 음용하였다.

(1) 차

차는 잎, 열매, 과육, 곡류 등을 이용한 것으로 찻잎의 제조방법에 따라 녹차 또는 전차(옥로, 작설차, 말차, 병차, 단차), 반 발효차(오룡차), 완전 발효차(홍차)가 있다. 그 외 약용으로 이용되는 한약재로 만든 약재차, 율무, 옥수수, 보리 등의 곡류를 달여서 마시는 곡차, 유자, 대추 등의 과실차 등이 있다.

(2) 화채, 수정과, 식혜, 미수, 제호탕

화채는 제철 과일을 얇게 저민 것이나 식용 꽃잎을 꿀이나 설탕에 재웠다가 오미자국물 또는 꿀물에 계절의 꽃이나 꽃잎, 과일 등을 실백과 함께 띄운 음료이다.

수정과는 계피, 생강을 넣고 끓여 걸러서 다시 설탕이나 꿀을 넣어 끓인 다음 곶감을 띄워내는 음료이며, 식혜는 밥에 엿기름물을 부어 발효시킨 음료수이다.

미수는 곡류를 쪄서 볶은 후 빻아 가루로 만들어 여름철에 꿀물에 타서 마시는 음료이며, 제호탕은 오매육, 초과, 백단향, 축사, 꿀 등의 다섯 가지 한약재를 고운 가루로 만들어 꿀에 섞어 냉수에 타서 마시는 음료로 가슴 속이 시원하고 향기가 오래 가며 특히 여름철에 더위를 타지 않는다고 한다.

2. 한국음식의 맛(양념)

[양념의 효과]
① 음식의 향 보완
② 항산화제
③ 식품 보존제
④ 항미생물 작용
⑤ 생리적, 의학적인 효과

양념은 재료의 좋지 못한 향이나 나쁜 맛을 제거하여 맛을 돋우기 위하여 넣는 재료를 통틀어 이르는 말이다. 조미료는 기본적인 짠맛, 단맛, 쓴맛, 매운맛, 신맛의 다섯 가지 기본 맛을 보는 것으로, 음식에 따라 이 조미료를 적당히 혼합하여 알맞은 맛을 내는 것이다. 향신료는 재료 자체가 지닌 좋지 않은 냄새를 없애거나 감소시키고, 또한 특유한 향기로 음식의 맛을 더욱 좋게 한다. 또 다른 의미로 양념은 '이야기에 흥이나 재미를 더하는 재료를 비유적으로 이르는 말'로 사용되어 그 중요성을 알 수 있는 용어이다.

1) 양념의 종류

한국음식의 기본 양념에는 소금, 간장, 고추장, 된장, 식초, 설탕 등이 있으며, 향신료에는 생강, 겨자, 후추, 고추, 참기름, 들기름, 깨소금, 파, 마늘, 천초 등이 있다. 특히 한국음식은 한가지의 양념을 쓰기보다 몇 가지를 조합하여 복합적인 맛을 내는 음식이 많아 다른 나라 음식들과 비교하여 깊은 풍미를 느낄 수 있다.

기본 맛에 대한 양념의 종류	
짠맛 재료	소금, 간장, 된장, 고추장
신맛 재료	식초(양조초, 빙초산, 과실초), 감귤류의 즙
매운맛 재료	고춧가루, 고추장, 겨자, 후춧가루, 생강
단맛 재료	꿀, 조청, 설탕, 엿
기타 맛 재료	파, 마늘, 참기름, 깨소금, 매실발효액 등

(1) 소금

음식의 맛을 내는 가장 기본적인 조미료로 짠맛을 낸다. 소금을 음식에 넣을 때는 처음부터 같이 넣으면 잘 무르지 않으므로 음식이 익은 다음에 넣는다. 소금과 설탕을 함께 사용할 경우에는 설탕을 먼저 넣는다. 소금의 종류에는 호염, 재염, 재제염, 정제염, 가공염이 있다. 호염은 천일염, 굵은소금이라고도 하며, 염전에서 모은 1차 제품으로 장을 담글 때나 김장배추 절일 때, 오이지 담글 때 사용한다, 재염은 호염에서 불순물을 제거한 것으로 채소나 생선 절임용으로 사용하고, 재제염은 재염에서 불순물을 제거한 것으로서 꽃소금이라 하며, 색이 희고 입자가 고운 소금으로 음식에 직접 간을 맞출 때나 적은 양의 채소나 생선 절임에 쓰인다. 정제염은 식탁염으로 쓰이며, 정제 농도가 높고 고운 입자로 되어 있고, 음식의 간을 맞출 때나 식탁에서 사용한다. 가공염은 소금에 글루타민산 등의 화학조미료를 1% 첨가한 것으로 맛소금, 죽염, 기타 성분 첨가 소금 등이 있으며, 짠맛과 맛 증진을 위해 사용한다.

(2) 간장

간장은 콩으로 만든 우리 고유의 발효식품으로 양념인 동시에 부식으로서 우리의 식생활에 가장 중요한 위치를 차지하고 있다. 간장 맛이 좋아야 맛있는 음식을 만들 수 있는 만큼 양념에 있어 중요한 역할을 한다. 간장을 담글 때는 메주 띄우기 및 메주와 소금물의 비율, 담그는 시기와 원하는 염도를 고려하여 보오메 비중계로 16~20B'에 맞추고, 숙성 중에는 관리를 잘해야 맛있는 간장을 얻을 수 있다.

간장은 메주를 소금물에 담가 숙성시킴으로써 아미노산, 당분, 지방산, 방향 물질이 생겨 음식에 맛을 내게 되며, 오랫동안 묵은 진간장은 햇간장에 비해 색이 짙고 짠맛은 감소하면서 감칠맛이 난다. 햇간장과 묵은 간장은 음식의 종류에 따라 구분해서 사용해야 하며, 오래된 진간장은 조림, 초, 육포 등에 사용하고, 그해에 담은 햇간장은 맑은 장국, 찌개, 나물무침에 사용한다.

(3) 된장

된장은 한국음식의 기본 조미료일 뿐 아니라 중요한 단백질 공급원이다. 된장은 콩을 쑤어 메주로 띄운 다음, 소금물에 담가 숙성시킨 후 간장을 걸러내고 남은 건더기를 말한다. 단백질이 풍부한 식품이며, 국, 찌개, 무침, 쌈장 등에 이용된다. 된장의 '된'은 되직하다는 뜻으로 찌개, 토장국, 상추쌈이나 호박잎쌈에 곁들이는 쌈장과 장떡 등에 이용된다.

(4) 고추장

고추장은 우리 고유의 간장, 된장과 함께 발효식품으로 매운맛을 내는 복합 발효조미료이다. 또한, 탄수화물의 가수분해로 생긴 단맛과 콩 단백에서 오는 아미노산의 감칠맛, 고추의 매운맛, 소금의 짠맛이 조화를 잘 이룬 식품으로서 조미료인 동시에 기호 식품이다. 고추장은 고춧가루, 메줏가루, 찹쌀가루, 엿기름, 소금 등이 원료이며, 찹쌀 대신 멥쌀, 보리, 밀가루를 쓰기도 한다. 고추장찌개나 생선, 숙채, 조림, 구이 등의 조미료로 사용되고 회나 강회 등의 초고추장, 비빔밥이나 비빔국수의 양념고추장에도 쓰인다.

(5) 고춧가루

고추는 잘 익어서 윤택이 나며 색이 곱고 껍질이 두꺼운 것이 좋다. 태양에 말린 고추가 쪄서 말린 고추보다 비타민 함량이 훨씬 높으며, 빛도 곱다. 재래종은 매운맛이 강하고 풋고추는 매운맛이 적으므로 음식 종류에 따라 적당한 것을 선택해야 한다. 고운가루는 고추장, 조미료용으로 사용하고, 중간가루는 김치, 깍두기용, 굵은가루는 여름 풋김치용, 실고추는 고명으로 사용한다.

(6) 후추, 천초

후추는 특유의 향기와 자극으로 고기나 생선의 누린내, 비린내를 없애 주는 향신료로서 식욕을 돋구어 준다. 검은 후춧가루는 후추의 열매가 덜 익었을 때 따서 건조시켜 껍질째 모두 갈아 만든 것으로, 색이 검고 매운맛이 강하며, 흰후춧가루는 잘 익은 후추 열매를 껍질을 제거하고 만든 것으로 향미가 부드럽고 매운맛이 약하다. 생선전유어, 닭고기 등 겉모양을 깨끗하게 유지하는 데 사용한다. 통후추는 후추맛을 가미하고자 할 때 사용한다. 수정과나 국 종류에 이용한다.

천초는 산초의 다른 말로 잎, 열매 모두 향신료로 사용되며, 고추가 전래되기 이전에 음식의 매운맛을 내는 조미료로 많이 쓰였다. 매운맛과 독특한 향을 내며 추어탕이나 개장국 등 비린내가 나는 음식에 사용한다.

(7) 겨자, 계피

겨자는 갓 씨앗을 가루로 만들어 사용하며, 매운맛 성분인 시니그린(sinigrin)을 분해시키는 효소인 미로시나제(myrosinase)는 40℃ 정도에서 매운맛 성분이 활성화되므로, 따뜻한 곳에서 발효시켜야 하며, 여기에 식초, 설탕, 소금을 넣고 사용한다. 필요에 따라 닭 국물, 잣즙 등을 섞어서 쓰기도 한다.

계피는 육계라고 하며, 계수나무의 껍질을 말린 것을 빻아서 가루로 만들어 사용한다. 일반적인 요리에는 잘 사용하지 않으나 떡과 약식 등에 사용하기도 하고, 편육, 유과류, 정과류, 강정류, 수정과 등에 많이 쓰인다.

(8) 식초

식초는 곡물과 과일을 발효시켜 만든 것으로 신맛을 내는 조미료이다. 식초는 음식에 청량감을 주고 식욕을 증가시키며, 소화·흡수를 돕고 대개 차가운 음식에 넣는다. 음식의 살균·방부 효과도 있어 생선에 사용하면 비린내를 제거하고 단백질 응고를 돕는다. 생채, 겨자채, 냉국 등에 넣어 신맛을 낸다. 식초를 음식에 넣을 때는 맨 마지막에 넣어야 식초 특유의 신맛과 상큼한 맛을 즐길 수 있으며, 녹색 채소의 엽록소가 누렇게 변색되는 것을 방지할 수 있다.

(9) 기름

참기름은 참깨를 볶아 짜서 만든 것으로 고소한 맛과 향을 낼 때 쓰이며, 특히 나물 무칠 때, 약과, 약식 등을 만들 때 쓰인다. 참기름은 불포화지방산이 많고 발연점이 낮아 튀김기름으로는 쓰지 않으며, 나물은 물론 거의 모든 음식에 넣는다.

들기름은 들깨를 볶아 짜낸 기름으로 나물 볶을 때 많이 사용하며, 오래 두면 산패되기 쉬우므로 즉시 먹는 것이 좋다. 산나물무침, 김구이에 주로 사용된다.

콩기름은 전유어, 튀김용으로 적당하며 콩으로 만든 무색, 무미, 투명한 것이 좋다. 그 외에 같은 용도로 채종유, 면실유, 미강유 등이 쓰인다.

(10) 깨소금, 들깨가루

깨소금은 잘 익은 참깨를 씻어 물기를 뺀 다음 깨알이 팽창되게 볶아 적당하게 빻아서 잘 밀봉하여 사용한다. 들깨는 주로 거피하여 가루를 낸 다음 조림이나 찌개, 전골 등에 쓰인다.

(11) 설탕, 조청, 꿀

설탕은 사탕수수나 사탕무의 즙을 농축시켜 만든 천연 감미료로 정제 정도에 따라 백설탕, 황설탕, 흑설탕으로 나뉜다. 설탕은 160℃ 이상의 고온에서 분해시켜 캐러멜을 만들어 일종의 천연색소로도 사용된다.

조청은 곡류를 엿기름으로 당화시켜 오래 고아서 만든 묽은 엿으로 한과류와 밑반찬에 많이 사용한다. 꿀은 과당으로 구성된 천연 감미료로서 흡수성이 커서 음식에 넣으면 촉촉한 질감을 주며 윤기가 나게 한다. 강정, 정과, 유밀과, 다식 등의 한과와 화채 등의 음료 만들 때 사용한다.

물엿은 녹말을 당화효소 또는 산으로 분해시켜 만든 감미료로 설탕에 비해 감미도가 ⅓정도 낮으며 흡습성이 있다.

(12) 파, 마늘, 생강

파는 함향 휘발성 물질을 함유하고 있어 독특한 맛과 자극성 있는 향으로 향신료 중에 가장 많이 쓰이며, 특히 고기의 누린내와 생선의 비린내를 제거해 준다. 파의 흰 부분은 다지거나 채 썰어 양념으로 쓰는 것이 적당하고 파란 부분은 크게 썰어 찌개나 국에 넣는다. 파의 매운맛을 내는 물질은 가열하면 향미 성분은 부드러워지고 단맛이 강해진다.

마늘의 매운맛 성분에는 알리신(allicin)이라는 휘발성 물질이 들어 있어 비타민 B_1(thiamine)의 흡수를 촉진할 뿐 아니라 소화를 돕는다. 육류의 누린내와 생선의 비린내, 채소의 풋내를 가시게 하고 김치 담글 때 없어서는 안 되는 조미료이다. 음식의 양념으로 다져서 쓰고, 고명으로는 통째로 쓰거나 얇게 저며서 곱게 채 썰어 사용한다.

생강 특유의 향기와 쏘는 듯한 맛은 어패류나 육류의 비린내를 없애 주고 조직을 연하게 한다. 육류나 어패류를 조리할 때 재료가 어느 정도 익은 후에 생강을 넣는 것이 효과적이다. 생강의 매운맛 성분(zingerone)은 적당량이면 식욕 증진에 도움을 준다. 매작과, 약과 등에는 즙을 만들어 사용하고, 수정과, 식혜 등에는 얇게 저며 사용한다.

(13) 젓국

젓국은 새우젓, 멸치젓, 조기젓 등이 있으며, 김치에 주로 쓰인다. 김치 이외의 음식을 만들 때는 새우젓을 많이 사용한다. 새우젓은 찌개, 나물 등의 간을 맞출 때 소금 대신 사용하면 감칠맛을 낸다. 돼지고기 편육을 먹을 때 새우젓은 고춧가루, 마늘, 파 등을 넣어 만든 것을 곁들인다. 두부새우젓국찌개는 국물을 맑게 하기 위해 새우젓을 다져 국물만 꼭 짜서 사용한다.

2) 양념장의 종류

(1) 간장 양념

양념간장은 간장에 설탕, 다진 마늘, 다진 파, 깨소금, 참기름, 후춧가루 등을 넣어 만든 것으로, 주로 불고기의 양념에 사용하거나 전 요리에 곁들이는 용도로 사용한다. 초간장은 간장에 식초, 설탕, 물을 넣어 만든 것으로 전이나 구절판 등에 곁들인다. 조림간장은 간장, 설탕, 꿀, 청주, 참기름, 물 등을 넣어 만든 것으로 쇠고기, 돼지고기, 닭고기 등을 조릴 때 사용한다. 유장은 참기름에 간장을 조금 섞은 것으로 생선이나 더덕 등을 초벌구이할 때 쓰이며, 탕평채의 녹두묵 양념에도 사용한다.

(2) 고추장 양념

초고추장은 고추장에 식초, 설탕, 마늘, 생강즙, 깨소금, 참기름 등을 넣어 만든 것으로, 생선회나 파강회 등에 사용한다. 식초 대신 레몬즙을 넣으면 상큼한 향을 돋울 수 있다. 약고추장은 다진 쇠고기 양념한 것을 냄비에 볶다가 고추장, 설탕, 물을 넣어 만든 것으로, 볶음고추장이라고도 한다. 센 불에서 볶으면 타므로 중간 불에서 나무주걱으로 저어 가면서 만든다. 비빔밥용으로 많이 이용되며, 밑반찬이나 쌈장으로도 쓰인다. 쌈장은 된장과 고추장을 3:1의 비율로 섞은 것에 다진 쇠고기 양념한 것과 달래, 풋고추 등의 채소를 넣고 끓여서 만든 것으로 쇠고기 대신 조갯살, 멸치가루 등을 이용해도 좋다. 쌈장은 상추 등 쌈을 먹을 때 곁들인다.

(3) 기타 양념

겨자즙은 겨자를 발효시켜 식초, 설탕, 소금 또는 간장 등을 넣어 만들며, 겨잣가루는 40℃ 이상에서 발효시켜야 매운 맛이 활성화된다. 구절판이나 냉채 등에 곁들여 먹는다. 잣즙은 잣가루에 육수, 소금, 참기름, 후춧가루를 넣어 만든 것으로 대하냉채 등에 곁들인다. 단초장은 식초, 설탕, 물, 소금을 넣고 만들며, 오이선 등에 끼얹어 낸다.

[고추냉이, 겨자, 무의 매운 맛 성분] 갈거나 으깨는 등의 물리적 조작으로 조직이 파괴되면 매운맛의 전구물질인 배당체의 시니그린(sinigrin)이 미로시나아제(myrosinase)에 의해 분해되어 알릴 이소시아네이트(allyl isothiocyanate)가 생성되면서 특유의 매운맛을 내게 됨.

3. 한국음식의 멋(고명)

고명은 만든 음식을 아름답고 깨끗하게 장식하여 식욕을 돋우며 음식의 품위를 높여 주는 것을 목적으로 사용하는 것을 말한다. 웃기 또는 꾸미라고도 한다.

1) 달걀지단

달걀을 흰자와 노른자로 나누어 소금 간을 약간하여 거품이 일지 않게 적당히 저어서 깨끗한 번철에 기름을 약간 두르고 약한 불에서 얇게 부친 다음 채로 썰거나 골패형(마름모꼴 모양)으로 썰어서 사용하는데, 완전히 식은 다음에 썰어야 깨끗하고 모양이 뚜렷하다. 잡채, 탕평채, 호박선 등에는 채 썰어 사용하고, 찜, 전골, 국에는 마름모꼴로 썰어 사용한다.

2) 달걀쌈(알쌈)

쇠고기를 곱게 다져 양념하여 지름이 0.8㎝ 정도 되도록 빚어 프라이팬에 익혀 놓는다. 달걀을 흰자와 노른자로 나누어 2~3㎝의 원형으로 부쳐 반 정도 익을 때

쯤 익혀 놓은 쇠고기 완자를 가운데 놓고 반달모양으로 접어 완전히 익힌다. 신선로나 찜 등에 고명으로 사용한다.

3) 미나리초대

미나리 잎과 뿌리를 깨끗이 떼어 내고 줄기만 씻어 위, 아래로 가지런히 꼬챙이에 꿴다. 밀가루를 묻히고 달걀물을 적셔 번철에 파랗게 부친다. 식은 후에 마름모꼴로 썰어 떡국, 신선로, 만두국 등에 고명으로 사용한다.

4) 고기완자

쇠고기를 곱게 다진 후 갖은양념과 한데 섞어 지름 2㎝ 정도로 빚은 다음 밀가루와 달걀물을 씌워 번철에 굴려가며 깨끗이 익힌다. 신선로, 찜, 탕에 고명으로 사용한다.

5) 버섯

표고버섯은 미지근한 물에 담가 충분히 불려서 꼭지를 잘라 내고 용도에 따라 채 썰거나 2등분, 4등분하여 사용한다. 살이 두꺼운 것을 얇게 저며 사용하기도 하고, 고명으로 쓸 때에는 양념하여 사용한다.

석이버섯은 따뜻한 물에 불려 양손으로 비벼 뒷면의 이끼와 뿌리를 깨끗하게 제거하고 돌돌 말아서 용도에 맞게 채 썰거나 마름모꼴로 썰어 참기름에 볶아서 국수장국, 잡채, 알찜 등에 고명으로 사용한다. 또한, 말려서 가루로 만들어 달걀흰자와 섞어 지단을 부쳐 신선로에 이용하기도 하고 석이단자에도 이용한다.

목이버섯은 미지근한 물에 불려 손으로 뜯어서 기름에 볶아 사용한다. 주로 잡채에 이용한다.

6) 고추

실고추는 마른 고추를 반으로 갈라 씨를 뺀 다음 젖은 수건으로 깨끗이 닦아 돌돌 말아서 채 썰어 김치, 나물 등에 사용한다.

홍고추, 풋고추도 씨를 빼고 곱게 채 썰거나 어슷하게 썰어 사용한다.

7) 잣

잣은 고깔을 떼고 마른행주로 닦아 통잣 그대로 쓰기도 하고 길이로 반을 갈라 비늘잣을 만들거나 잣가루를 만들어 사용한다. 잣가루를 만들 때는 깨끗한 종이(한지)를 깔고 잘 드는 칼로 다지되, 포슬포슬한 흰 가루로 만들어야 한다. 이때 잘못 다지면 잣은 지방이 많기 때문에 기름기가 배어 나와 덩어리가 되기 쉽다. 잣가루는 회나 적 등의 위에 뿌려 모양을 내며, 통잣은 신선로, 차, 화채 등에 띄운다.

8) 견과류

은행은 겉껍질을 제거하고 번철에 기름을 두르고 골고루 굴려가면서 볶으면 파랗고 윤기 있게 되면서 속껍질은 자연히 벗겨진다. 신선로, 찜 등에 사용한다.

호두는 겉껍질을 벗긴 다음 따뜻한 물에 10분 정도 담가 속껍질을 불려 제거한다. 끝이 뾰족한 것으로 속껍질 한쪽을 벗기면 나머지 부분도 찢어지지 않고 잘 벗겨진다. 찜, 신선로 등에 사용한다.

밤은 속껍질까지 말끔히 벗긴 후 찜에는 통째로 넣고, 보쌈김치, 겨자채, 냉채 등에는 채 썰거나 납작하게 썰어 사용한다. 밤의 껍질을 벗긴 생률은 마른안주로 쓰거나 익혀서 떡고물로 사용하기도 한다.

대추는 씨를 발라내고 채로 썰어서 고명으로 쓴다. 백김치, 보쌈김치, 식혜, 화전, 차 등에는 채로 썰어 사용하고, 찜 등에는 크게 썰어 사용한다.

4. 조리 준비

1) 계량

식품의 계량은 조리의 일관성과 효율성을 위해 필요한 과정으로, 식재료의 특성에 맞는 계량 방법과 계량 도구를 사용하여야 한다.

(1) 계량 도구

① 부피(volume)

부피는 주로 계량스푼, 계량컵으로 측정하며, 주로 간장, 기름 등의 액체를 계량할 때 사용한다. 계량컵은 1C용기에 1C, ½C, ⅓C, ¼C이 눈금으로 표시되어 있다. 1C의 국제 표준용량은 ¼qt(쿼트)로 약 240mℓ이나 우리나라에서는 200mℓ를 1C으로 지정하고 있다. 계량스푼은 ¼컵보다 적은 양을 계량할 때 주로 사용하며, 1Ts, 1ts, ½ts, ¼ts이 한 세트로 구성되어 있다. 1Ts는 15mℓ이며, 1ts는 5mℓ이다.

[그림 1-1] 계량컵과 계량스푼

② 무게(weight)

무게는 일반적으로 1kg, 2kg 정도의 저울을 사용하여 측정하며, 고기, 생선, 야채 등과 같은 고체나 가루제품의 무게를 측정한다. 저울로 계량할 때는 편평한 곳에 놓고 바늘을 0점(zero point)에 맞춘 후 사용한다. 저울접시의 중앙에 식품을 올려놓고 정면에서 숫자를 읽는다.

눈금저울

전자저울

[그림 1-2] 저울

③ 온도

온도계는 식품의 내부온도나 액체의 온도를 측정하기 위해 사용되며, 보통 100~300℃까지 측정할 수 있는 것이 좋다. 조리에 사용되는 온도단위는 섭씨(℃)와 화씨(℉)로 나타낸다. 섭씨는 물의 끓는점을 100℃로 하고, 어는점을 0℃로 구분하여 그 사이를 100등분하여 구분한 것으로 세계에서 공용되는 온도 단위이다. 화씨는 미국에서 많이 사용되며, 물의 어는점을 32°F, 끓는점을 212°F로 하여 이 두점 사이를 180등분하여 구분한 것이다. 온도계의 종류는 화씨온도계(fahrenheit), 섭씨온도계(celsius), 절대온도계(kelvin)가 있으며, 측정 원리에 따라 수은온도계, 알코올온도계, 적외선온도계가 있다.

[섭씨온도와 화씨온도 환산법]

℃ = 5/9℃−32	℃ = (℉−32)/1.8
℉ = 9/5℃+32	℉ = (1.8×℃)+32

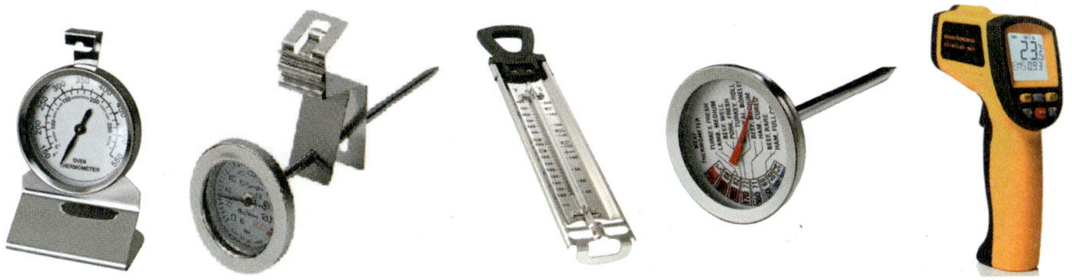

제빵용 온도계 튀김용 온도계 캔디온도계 육류 온도계 적외선 온도계

[그림 1-3] 온도계의 종류

(2) 계량 방법

① 액체

액체식품은 투명한 재질의 계량컵을 사용하며, 편평한 곳에 놓고 눈높이에서 보아 눈높이를 액체의 아랫면에 일치되게 하여 눈금을 읽는다. 고추장, 조청, 물엿 등과 같이 농도가 있는 액체는 흘러내리기 전까지 채워서 측정한다. 그릇으로 옮길 때도 부드러운 고무주걱을 사용하여 여분이 남지 않도록 하여야 조리 시 정확한 계량 무게를 사용할 수 있다.

② 고체

버터, 마가린, 쇼트닝 등은 상온에 두어 반고체상태로 부드럽게 되었을 때 계량컵에 빈 공간이 없도록 채워서 편평한 것으로 윗면을 깎아 계량한다. 고추장이나 된장, 다진 고기도 마찬가지 방법으로 계량한다. 쌀, 콩 등 알갱이 형태의 고체는 계량용기에 가득 담아 살짝 흔든 후 윗면을 깎아 계량한다.

③ 가루

가루 식품은 계량하기 전에 체에 쳐서 공기를 함유하게 하여 부드러운 상태가 되도록 한 다음 계량컵이나 계량스푼을 사용하여 수북하게 담아 위를 편평하게 깎은 후 계량한다. 흑설탕이나 황설탕과 같이 입자가 서로 달라붙는 식재료는 단단하게 눌러서 채워 담은 후 계량컵의 윗면을 수평으로 깎은 후 계량한다.

가루 체치기 윗면 깎기 단단하게 눌러 채워담기

[그림 1-5] 가루계량 방법

2) 기본썰기

(1) 다지기

채 썬 것을 가지런히 모아서 직각으로 잘게 써는 방법이다. 파, 마늘 등의 양념 썰기에 주로 사용된다.

(2) 채썰기

재료를 얇게 저민 다음 포개어 놓고 얇고 가늘게 써는 방법으로 고명용은 보통 0.1×0.1㎝ 두께로 썰고, 무생채, 도라지생채 등의 용도는 0.2×0.2㎝, 잡채용은 0.3×0.3㎝ 두께로 썬다.

(3) 어슷썰기

가늘고 긴 재료를 적당한 두께로 어슷하게 써는 방법으로, 대파, 고추, 오이 등의 썰기에 주로 사용된다.

(4) 깍둑썰기

가로와 세로, 두께가 같도록 정육면체로 써는 방법으로, 무, 두부, 당근 등을 조림이나 찌개용으로 썰 때 주로 사용된다.

(5) 나박썰기

둥근 재료의 가장자리를 직각 모양이 되도록 잘라 내고 정사각형으로 써는 방법으로, 나박김치나 무국용 무나 배추를 썰 때 사용된다.

(6) 돌려 깎기

둥근 재료의 길이가 5~6㎝ 정도 되도록 자른 후, 껍질에 칼집을 넣고 얇게 돌려 가며 깎는 방법으로 호박, 오이 등을 가늘게 채 썰 때 사용된다.

(7) 통썰기

둥근 재료를 평행으로 놓고 통째로 써는 방법으로 재료나 요리 특성에 따라 두께를 조절한다. 오이생채, 호박전 등에 사용된다.

(8) 은행잎썰기

둥근 재료를 길이로 4등분한 다음 은행잎 모양으로 썬다. 부채꼴썰기라고도 하며, 조림이나 찌개용 재료의 썰기에 사용된다.

(9) 마름모썰기

재료를 일정한 간격의 넓이로 길게 썬 다음 어슷하게 써는 방법으로 고명용 달걀지단, 미나리초대 등의 썰기에 사용된다.

(10) 막대썰기

긴 재료의 길이가 5~6㎝ 정도 되도록 자른 후, 일정한 굵기의 막대모양으로 써는 방법으로 무숙장아찌나 오이숙장아찌의 무, 오이 썰기 등에 사용된다.

(11) 골패썰기

재료를 너비 1.5~2㎝, 두께 0.3~0.5㎝, 길이 3~4㎝로 써는 방법으로 겨자채나 신선로 등의 재료 써는 방법으로 많이 사용된다.

한국음식의 맛과 멋
실기편

제3장

한식조리기능사 실기편

한식조리기능사 실기항목 수험자 유의사항

*본 내용은 모든 실기항목에 해당됨

1. 만드는 순서에 유의하며, 위생과 숙련된 기능평가를 위하여 조리작업 시 맛을 보지 않습니다.
2. 지정된 수험자 지참 준비물 이외의 조리기구나 재료를 시험장 내에 지참할 수 없습니다.
3. 지급재료는 시험 전 확인하여 이상이 있을 경우 시험위원으로부터 조치를 받고 시험 중에는 재료의 교환 및 추가지급은 하지 않습니다.
4. 요구사항의 규격은 "정도"의 의미를 포함하며, 지급된 재료의 크기에 따라 가감하여 채점합니다.
5. 위생상태 및 안전관리 사항을 준수합니다.
6. 다음 사항에 대해서는 채점대상에서 제외하니 특히 유의하시기 바랍니다.
   - 가) 기권
     수험자 본인이 시험 도중 시험에 대한 포기 의사를 표현하는 경우
   - 나) 실격
     - (1) 가스레인지 화구 2개 이상(2개 포함) 사용한 경우
     - (2) 불을 사용하여 만든 조리작품이 작품특성에 벗어나는 정도로 타거나 익지 않은 경우
     - (3) 시험 중 시설·장비(칼, 가스레인지 등) 사용 시 감독위원 및 타수험자의 시험 진행에 위협이 될 것으로 감독위원 전원이 합의하여 판단한 경우
   - 다) 미완성
     - (1) 시험시간 내에 과제 두 가지를 제출하지 못한 경우
     - (2) 문제의 요구사항대로 과제의 수량이 만들어지지 않은 경우
   - 라) 오작
     - (1) 구이를 찜으로 조리하는 등과 같이 조리방법을 다르게 한 경우
     - (2) 해당과제의 지급재료 이외의 재료를 사용하거나 석쇠 등 요구사항의 조리도구를 사용하지 않은 경우
   - 마) 요구사항에 표시된 실격, 미완성, 오작에 해당하는 경우
7. 항목별 배점은 위생상태 및 안전관리 5점, 조리기술 30점, 작품의 평가 15점입니다.

비빔밥

시험시간 50분

요구사항

1. 채소, 쇠고기, 황·백지단의 크기는 0.3×0.3×5㎝로 써시오.
2. 호박은 돌려 깎기 하여 0.3×0.3×5㎝로 써시오.
3. 청포묵의 크기는 0.5×0.5×5㎝로 써시오.
4. 쇠고기는 고추장볶음과 고명에 사용하시오.
5. 밥을 담은 위에 준비된 재료들을 색 맞추어 돌려 담으시오.
6. 볶은 고추장은 완성된 밥 위에 얹어 내시오.

지급재료

	재료명	규격	단위	수량
1	쌀	30분 정도 물에 불린 쌀	g	150
2	애호박	중(길이 6cm)	g	60
3	도라지	찢은 것	g	20
4	고사리	불린 것	g	30
5	청포묵	중(길이 6cm)	g	40
6	쇠고기	살코기	g	30
7	달걀		개	1
8	건다시마	5×5cm	장	1
9	고추장		g	40
10	식용유		mℓ	30
11	대파	흰 부분(4cm 정도)	토막	1
12	마늘	중(깐 것)	쪽	2
13	진간장		mℓ	15
14	백설탕		g	15
15	깨소금		g	5
16	검은 후춧가루		g	1
17	참기름		mℓ	5
18	소금	정제염	g	10

쇠고기 양념장
간장 1ts, 설탕 ½ts, 다진 파 ½ts, 다진 마늘 ¼ts, 깨소금·참기름·후춧가루 약간씩

약고추장 양념장
고추장 1Ts, 다진 쇠고기 10g, 물 1Ts, 설탕 1ts, 참기름 1ts

만드는 방법

재료 확인 – 밥 짓기 – 재료 손질 – 청포묵 끓일 물 준비 – 청포묵 데치기 – 재료 양념 – 다시마 튀기기 – 재료 볶기 – 약고추장 만들기 – 완성 그릇 담기

1. 밥 짓기

- 불린 쌀을 1:1.2(쌀:물)로 하여 센 불에서 끓으면, 약한 불로 줄여 뜸을 들여 고슬고슬하게 밥을 짓는다.

Tip 밥 짓기는 센 불→중간 불→약한 불 순으로 지으며, 약한 불로 뜸을 들이다가 불을 끈 후 5분 뒤에 뚜껑을 열어야 뜸이 알맞게 든다.

2. 재료 손질하기

- 청포묵 데칠 물을 올린다.
- 파·마늘은 곱게 다진다.
- 청포묵은 0.5×0.5×5㎝로 채 썰어 끓는 물에 투명하게 데친 후 참기름으로 무친다.
- 도라지는 0.3×0.3×5㎝로 채 썰어 소금을 넣고 주물러 씻어 쓴맛을 제거한 뒤 물기를 짠다.
- 애호박은 0.3×0.3×5㎝로 채 썰어 소금에 살짝 절인 후 물기를 짠다.
- 고사리는 딱딱한 줄기를 제거하고, 5㎝ 길이로 잘라 양념한다.
- 쇠고기의 ⅔는 채 썰고, ⅓은 곱게 다져 각각 양념한다.

Tip 쇠고기는 결대로 채 썰어야 부서지지 않는다.

- 달걀은 황·백으로 나누어 지단을 부치고, 식으면 0.3×0.3×5㎝로 채 썬다.
- 건다시마는 팬에 식용유를 붓고 튀겨서 식으면 잘게 부순다.

Tip 다시마의 경우 튀기기 전 물이 묻지 않도록 비닐이나 키친타월로 감싸 둔다.

밥 짓기

재료 손질하기

재료 볶기

약고추장 만들기

담기

완성

3. 재료 볶기

- 팬에 식용유를 두르고 도라지→애호박→고사리→쇠고기 순으로 볶아 낸다.

Tip 손질된 채소를 볶을 때에는 도라지→애호박→고사리→쇠고기 순으로 볶아야 팬을 효율적으로 사용하여 시간을 절약할 수 있다.

Tip 고사리를 볶을 때 물을 넣어야 양념이 잘 어우러지고 촉촉하게 볶아진다.

4. 약고추장 만들기

- 팬에 참기름을 살짝 두르고 다진 쇠고기를 볶다가 고추장, 설탕, 물을 넣고 약한 불로 볶는다.

Tip 약고추장은 약한 불에서 약간 거무스름한 색이 될 때까지 볶아 준다.

5. 담기

- 그릇에 밥을 담고, 볶아 낸 재료를 색을 맞추어 돌려 담은 후 약고추장을 얹고, 그 위에 튀겨낸 다시마를 얹어 낸다.

Tip 밥 양과 나물의 양을 알맞게 담는다.

장국죽

시험시간 30분

동영상 수록

요구사항

1. 불린 쌀을 반 정도로 싸라기를 만들어 죽을 쑤시오.
2. 쇠고기는 다지고 불린 표고는 3㎝ 정도의 길이로 채 써시오.

지급재료

	재료명	규격	단위	수량
1	쌀	30분 정도 물에 불린 쌀	g	100
2	쇠고기	살코기	g	20
3	건표고버섯	지름 5cm 정도, 물에 불린 것	개	1
4	대파	흰 부분(4cm 정도)	토막	1
5	마늘	중(깐 것)	쪽	1
6	진간장		mℓ	15
7	깨소금		g	5
8	검은 후춧가루		g	1
9	참기름		mℓ	10

표고버섯과 쇠고기 양념장
간장 1ts,
파·마늘·깨소금·후추·참기름 조금씩

만드는 방법

재료 확인 – 재료 손질 – 재료 양념 – 재료 볶기 – 밥 짓기 – 완성 그릇 담기

1. 재료 손질하기

- 생쌀은 따뜻한 물에 불린다. 불린 쌀을 방망이로 밀어 ½ 크기로 만든다.

  Tip 너무 곱게 부수면 풀같이 쑤어진다.

- 파·마늘은 곱게 다진다.
- 표고버섯을 불린 후, 기둥을 떼고 포를 떠서 3㎝ 길이로 썰어서 양념한다.

  Tip 건표고를 따뜻한 설탕물에 담그면 잘 불어난다.

- 쇠고기는 곱게 다져 주고, 양념을 한다.

2. 재료 볶기

- 냄비에 참기름을 두르고 쇠고기, 표고버섯 순으로 볶은 다음 쌀을 볶아 준다.

  Tip 다진 쇠고기를 볶을 때 덩어리지지 않도록 약한 불에서 헤쳐가며 볶는다.

  Tip 불린 쌀은 투명해질 때까지 볶다가 죽을 끓이면 맛이 좋다.

3. 죽 끓이기

- 재료를 볶다가 6배의 물을 넣고 센 불에서 끓인다.

  Tip 끓기 시작하면 중간불로 줄여서 서서히 나무주걱으로 저으면서 끓이다가 약한 불에서 서서히 뜸을 주어야 쌀알이 퍼지며 간은 마지막에 한다.

  Tip 죽은 너무 미리 끓여 놓으면 되직하게 되므로 그릇에 담기 직전에 농도를 잘 맞춘다.

  Tip 죽이 끓을 때 거품을 잘 걷어내야 죽이 탁하게 되지 않는다.

- 쌀알이 잘 퍼졌으면 소금으로 간을 하고 간장으로 색을 맞춘다.

재료 손질하기

재료 볶기 ①

재료 볶기 ②

죽 끓이기

담기

완성

4. 담기

- 식으면 되직해지므로 약간 묽은 농도일 때 완성 그릇에 7~8부 담는다.

Tip 되직하면 물을 넣는 경우는 반드시 한 번 더 끓여야 물이 죽 위에 뜨는 것을 방지할 수 있다.

Tip 장국죽은 색깔(옅은 갈색), 간 맞추는 시기(마지막), 농도(부드러운 농도)에 유의한다.

국수장국

시험시간 30분

요구사항

1. 호박은 돌려 깎기 하여 0.3×0.3×5㎝, 황·백지단은 0.2×0.2×5㎝, 석이버섯은 채 썰어 고명으로 사용하시오.
2. 쇠고기는 육수를 내고 삶은 고기는 0.2×0.2×5㎝ 정도의 고명으로 사용하시오.
3. 국수에 1.5배 분량의 장국을 붓고 오색 고명을 올려 내시오.

지급재료

	재료명	규격	단위	수량
1	소면		g	80
2	쇠고기	살코기	g	50
3	달걀		개	1
4	애호박	중(길이 6㎝)	g	60
5	석이버섯	부서지지 않은 것 (마른 것)	g	5
6	실고추		g	1
7	식용유		㎖	5
8	참기름		㎖	5
9	소금	정제염	g	5
10	진간장		㎖	10
11	대파	흰 부분(4㎝ 정도)	토막	1
12	마늘	중(깐 것)	쪽	1

쇠고기 양념장

간장 1ts, 파 ½ts, 마늘 ¼ts,
후추·참기름 약간씩

만드는 방법

재료 확인 – 육수 끓이기 – 재료 손질 – 재료 양념 – 재료 볶기 – 면 삶기 – 완성 그릇 담기

1. 육수 끓이기

- 쇠고기 중 ⅓은 핏물을 제거하고 덩어리째 끓인다.
  Tip 핏물을 제거한 쇠고기를 찬물일 때 넣고 약한 불에서 끓인다.
  Tip 장국의 간은 조금 세게 맞추어야 국수를 말 때 싱겁지 않다.
- 육수를 낸 후 간장으로 색을 내고 소금으로 간을 맞춘다.

2. 재료 손질하기

- 파·마늘은 곱게 다진다.
- 애호박은 0.3×0.3×5㎝로 채 썰어 소금에 살짝 절인 후 물기를 제거한다.
  Tip 소금을 많이 넣고 절이면 모양이 나빠지므로 살짝 절인다.
- 쇠고기의 ⅔는 결대로 썰고 0.2×0.2×5㎝로 채 썬 후 양념한다.
- 장국을 만들 때 사용한 고기는 0.5㎝두께의 편으로 썰어 편육을 만든다.
  Tip 쇠고기는 결대로 채 썰어야 부서지지 않는다.
- 달걀은 황·백으로 나누어 지단을 부치고, 식으면 0.2×0.2×5㎝로 채 썬다.
- 불린 석이는 손으로 비벼 씻어 이끼를 제거한 후 돌돌 말아 채 썬 후 양념한다.
  Tip 손질한 석이는 소금, 참기름으로 간한다.
- 실고추는 2㎝ 정도로 짧게 자른다.

육수 끓이기

재료 손질하기

재료 볶기

면 삶기

담기

완성

3. 재료 볶기

- 팬에 식용유를 두르고 애호박→석이버섯→쇠고기 순으로 볶아 낸다.

Tip 호박 채는 색이 선명하도록 센 불에서 재빨리 볶아 낸다.

4. 면 삶기

- 끓는 소금물에 국수를 넣고 삶아 찬물에 2~3차례 비벼 가며 사리를 튼다.

Tip 냄비에 충분한 물을 붓고 소금과 기름을 넣어 주면 좋다.

Tip 물이 끓으면 국수를 넣는데 이때 부채처럼 펼쳐서 넣어야 서로 엉겨 붙지 않는다.

Tip 끓어오를 때 찬물을 2~3번 넣어가며 끓이면 국수가 찰지고 빨리 삶아진다.

5. 담기

- 끓여 놓은 육수를 데운다.
- 그릇에 국수사리를 담고 오색 고명(쇠고기 채, 호박→황·백지단→석이, 실고추)과 편육을 얹은 뒤 1.5배 분량의 따뜻한 육수를 붓는다.

Tip 사리를 튼 국수는 물을 충분히 빼 주어야 육수를 부었을 때 면이 흐트러지지 않는다.

만둣국

시험시간 45분

요구사항

1. 지급된 쇠고기는 육수와 만두소의 재료로 사용하시오.
2. 만두피는 지름 8㎝의 둥근 모양으로 하여, 5개를 만드시오.
3. 황·백지단과 미나리초대 각 2개씩을 고명으로 사용하시오.
   [완자(마름모꼴)모양]

지급재료

	재료명	규격	단위	수량
1	밀가루	중력분	g	60
2	쇠고기	살코기	g	60
3	두부		g	50
4	숙주	생것	g	30
5	배추김치		g	40
6	달걀		개	1
7	미나리	줄기 부분	g	20
8	대파	흰 부분(4cm 정도)	토막	1
9	마늘	중(깐 것)	쪽	2
10	소금	정제염	g	5
11	검은 후춧가루		g	2
12	식용유		mℓ	5
13	깨소금		g	5
14	참기름		mℓ	10
15	국간장		mℓ	5
16	산적꼬치		개	1

만두소 양념장
소금 ½ts, 다진 파 1ts, 다진 마늘 ½ts,
후추·깨소금·참기름 약간씩

만드는 방법

재료 확인 – 반죽하기 – 재료 손질 – 만두소 만들기 – 만두 빚기 –
육수 끓이기 – 완성 그릇 담기

1. 반죽하기

- 밀가루에 소금과 물을 넣어 되직하게 반죽하여 비닐로 싸서 숙성시킨다.

Tip 밀가루 반죽은 많이 치대고 숙성시켜야 끈기가 생기고 터지는 것을 방지할 수 있다.

2. 재료 손질하기

- 파·마늘은 곱게 다진다.
- 숙주를 데친 후 다져서 물기를 짠다.

Tip 만두소로 사용되는 숙주는 거두절미(머리, 꼬리다듬기)할 필요가 없다.

- 쇠고기는 핏물을 제거한 후 육수용으로 일부 남기고 나머지는 다진다.
- 김치는 속을 털어내고 다진 후 물기를 짠다.

Tip 시험장에서 김치가 주어지면 속을 털어내고 다져서 사용하고 배추가 주어지면 소금에 절였다가 다진다.

- 두부는 면보에 싸서 물기를 짠 후 으깬다.
- 미나리는 잎과 뿌리는 떼고 줄기 부분만 모아 양쪽에 꼬치를 꽂아서 밀가루, 달걀노른자를 묻힌 후 팬에 익힌다(미나리초대).

Tip 색이 나지 않도록 유의한다.

- 달걀은 황·백으로 나누어 지단을 부친다.

Tip 식힌 지단과 미나리초대를 2×2㎝크기로 마름모꼴로 만든다.

- 숙성된 밀가루 반죽은 덧가루를 뿌려 가며 직경 8㎝의 얇은 만두피를 만든다.

Tip 육수가 탁해지므로 덧가루를 많이 사용하지 않는다.

반죽하기

재료 손질하기

만두소 만들기

만두 빚기

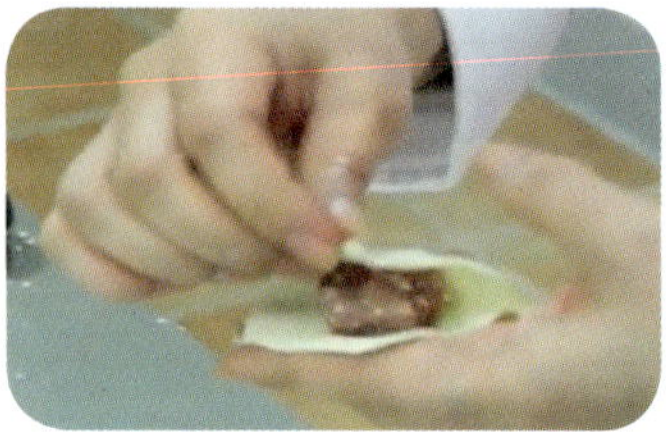

육수 끓이기

담기

완성

3. 만두소 만들기

- 다진 숙주와, 쇠고기, 두부, 김치를 양념하여 만두소를 만든다.

Tip 만두소로 사용하는 재료들은 물기를 꼭 짜서 질어지지 않게 주의한다.

4. 만두 빚기

- 만두피에 소를 넣어 반으로 접어 양쪽 끝을 마주 붙여 둥근 모양의 직경 4㎝인 만두를 만든다.

Tip 만두를 빚다가 한쪽이 터졌을 때 달걀흰자와 밀가루를 번갈아가며 바르면 터진 부분을 막을 수 있다.

5. 육수 끓이기

- 냄비에 쇠고기와 물을 넣고 간장으로 색을 내고 소금으로 간을 맞춰 육수를 끓인다.
- 육수가 끓으면 만두를 넣고 떠오를 때까지 익힌다.

Tip 육수 물을 넉넉히 넣고 끓일 때 만두를 넣은 후 흔들어 주어야 냄비 바닥에 만두가 달라붙는 것을 방지할 수 있다.

Tip 만두가 떠오르면 다 익은 것이다.

6. 담기

- 그릇에 만둣국을 담고 황·백지단과 미나리초대를 띄운다.

비빔국수

시험시간 30분

동영상 수록

요구사항

1. 쇠고기, 표고버섯, 오이는 0.3×0.3×5㎝로 썰어 양념하여 볶으시오.
2. 황·백지단은 0.2×0.2×5㎝로 썰어 고명으로 사용하시오.
3. 삶은 국수는 유장 처리하여 사용하시오.
4. 실고추와 석이버섯은 채 썰어 고명으로 사용하시오.

지급재료

	재료명	규격	단위	수량
1	소면		g	70
2	쇠고기	살코기	g	30
3	건표고버섯	지름 5㎝ 정도, 물에 불린 것	개	1
4	석이버섯	부서지지 않은 것 (마른 것)	g	5
5	오이	가늘고 곧은 것 (20㎝ 정도)	개	¼
6	달걀		개	1
7	실고추		g	1
8	진간장		mℓ	15
9	대파	흰 부분(4㎝ 정도)	토막	1
10	마늘	중(깐 것)	쪽	2
11	깨소금		g	5
12	소금	정제염	g	10
13	참기름		mℓ	10
14	검은 후춧가루		g	1
15	백설탕		g	5
16	식용유		mℓ	20

쇠고기와 표고버섯 양념장
간장 1Ts, 설탕 ½ts,
다진 파·다진 마늘·후추·깨소금·참기름 약간씩

만드는 방법

재료 확인 – 재료 손질 – 재료 양념 – 재료 볶기 – 면 삶기 – 완성 그릇 담기

1. 재료 손질하기

- 파·마늘은 곱게 다진다.
- 물을 데워 표고버섯과 송이버섯을 불린다.
  Tip 표고와 석이는 따뜻한 설탕물에 불린다.
- 오이는 소금으로 문질러 씻은 후 돌려 깎기 하여 0.3×0.3×5㎝로 채 썰고 소금에 살짝 절였다가 물기를 짠다.
- 불린 석이는 돌돌 말아서 채 썬 후 소금과 참기름으로 간한다.
- 불린 표고는 물기를 제거한 후 기둥을 떼고 포 떠서 0.3×0.3×5㎝로 채 썰어 양념한다.
- 쇠고기는 핏물을 제거한 후 결대로 썰어 양념한다.
  Tip 쇠고기는 결대로 채 썰어야 부서지지 않는다.
- 달걀은 황·백으로 나누어 지단을 부치고, 식으면 0.2×0.2×5㎝로 채 썬다.
- 실고추는 2㎝로 짧게 자른다.

2. 재료 볶기

- 팬에 식용유를 두르고 오이→석이→표고→쇠고기 순으로 볶아 낸다.
  Tip 오이는 센 불에 빨리 볶아 식혀야 색이 피랗게 유지되고 아삭아삭하다.

재료 손질하기

재료 볶기

면 삶기

재료 섞기

담기

완성

3. 면 삶기

- 끓는 물에 국수를 넣고 삶아 찬물에 헹궈 물기를 뺀다.
  - Tip 국수를 삶을 때는 충분한 물을 붓고 소금, 기름을 넣어 준다.
  - Tip 국물이 끓으면 국수를 넣는데 이때 부채처럼 펼쳐서 넣어야 엉겨 붙지 않는다.
  - Tip 끓어오를 때 찬물을 2~3번 넣어가며 삶으면 물이 넘치지 않고 국수가 찰지며 빨리 삶아진다.
- 물기를 뺀 국수에 간장, 설탕, 참기름을 넣고 밑간한다.
- 밑간한 국수에 오이, 표고, 쇠고기를 넣어 골고루 섞는다.
  - Tip 재료를 섞은 후 간이 부족하면 간장, 설탕, 참기름으로 훗간을 한다.

4. 담기

- 그릇에 재료가 골고루 보이도록 국수를 담고 지단, 석이, 실고추를 고명으로 올려놓는다.

오이소박이

시험시간 20분

요구사항

1. 오이는 6cm 길이로 3토막 내시오.
2 .오이에 3~4갈래 칼집을 넣을 때 양쪽 끝이 1cm 정도 남도록 하시오.
3. 오이소박이는 3개 제출하시오.
4. 그릇에 묻은 양념을 이용하여 김칫국을 만들어 소박이 위에 부으시오.

지급재료

	재료명	규격	단위	수량
1	오이	가는 것 (20cm 정도)	개	1
2	부추		g	20
3	대파	흰 부분(4cm 정도)	토막	1
4	마늘	중(깐 것)	쪽	1
5	생강		g	5
6	소금	정제염	g	15
7	고춧가루		g	10

소 만들기
부추 20g, 파 1ts, 마늘 ½ts, 생강 ¼ts, 고춧가루 ⅔Ts, 소금물 약간

만드는 방법

재료 확인 – 재료 손질 – 재료 양념 – 완성 그릇 담기

1. 재료 손질하기

- 파·마늘은 곱게 다진다.
- 오이는 소금으로 문질러 씻고 가시는 칼끝으로 슬쩍슬쩍 쳐 낸다.
- 손질한 오이는 6㎝ 길이로 토막 내고, 토막 낸 오이를 세 갈래로 칼집을 넣은 후 미지근한 물에 소금을 녹여 오이를 절인다.

Tip 오이가 잘 절여지지 않으면 소를 채울 때 갈라지기 쉽다.

- 부추를 0.5㎝ 길이로 썬다.
- 소 만들기 분량의 재료를 섞어 소를 버무린다.

Tip 소를 만들 때 너무 심하게 버무리면 부추가 뭉그러져 풋내가 날 수 있으므로 주의한다.

2. 재료 양념하기

- 절인 오이는 수분을 제거하고 소를 채운다.
- 손가락으로 오이의 위, 아래를 눌러 틈이 벌어지면 소를 넣고 전체적으로 오이의 표면에 소가 자연스럽게 묻어나도록 한다.

Tip 부추가 많이 묻어 지저분한 느낌이 없도록 표면은 고춧가루 위주로 묻게 하고 김칫국물을 너무 많이 붓지 않도록 한다.

3. 담기

- 소를 버무렸던 그릇에 물을 붓고 소금으로 간하여 김칫국물을 만든 다음 완성 그릇에 살며시 붓는다.

재료 손질하기 ①

재료 손질하기 ②

소 버무리기

소 채우기

완성

무숙장아찌

시험시간
25분

요구사항

1. 무는 0.6×0.6×5㎝로 써시오.
2. 쇠고기는 0.3×0.3×4㎝로 써시오.
3. 미나리는 4㎝로 써시오.
4. 무숙장아찌는 무의 색이 지나치게 검어지지 않도록 하여 80g 이상 제출하시오.

지급재료

	재료명	규격	단위	수량
1	무		g	120
2	미나리	줄기 부분	g	20
3	대파	흰 부분(4cm 정도)	토막	1
4	마늘	중(깐 것)	쪽	1
5	쇠고기	살코기	g	30
6	식용유		mℓ	30
7	진간장		mℓ	50
8	깨소금		g	5
9	참기름		mℓ	5
10	백설탕		g	5
11	검은 후춧가루		g	1
12	실고추		g	1

쇠고기 양념장

간장 1ts, 설탕·다진 파·다진 마늘·후추·깨소금·참기름 약간

만드는 방법

재료 확인 – 재료 손질 – 재료 양념 – 재료 볶기 – 완성 그릇 담기

재료 손질하기

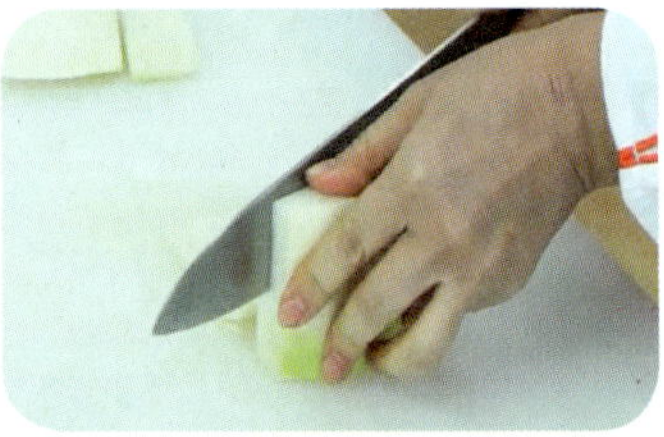

재료 양념하기

재료 볶기

담기

완성

1. 재료 손질하기

- 파·마늘은 곱게 다진다.
- 무를 0.6×0.6×5㎝ 길이로 썰어 간장 2Ts에 절여 준다.

Tip 무를 간장에 절이게 되면 무 자체 내에 있던 수분이 빠져나와 간장이 싱거워진다. 따라서 중간에 한 번 정도 싱거워진 간장을 졸여 식혀서 다시 절이는 것이 좋다. (무를 빼고 졸인다.)

- 미나리는 뿌리와 잎을 떼고 줄기만 4㎝ 길이로 썬다.
- 쇠고기는 0.3×0.3×4㎝로 채 썰어 양념한다.
- 실고추는 3㎝로 잘라 준다.

2. 재료 볶기

- 팬에 기름을 두른 후 미나리→무→쇠고기 순으로 볶아 낸다.

Tip 미나리, 무, 쇠고기는 따로 볶아 색이 지저분하게 되지 않게 한다.

Tip 미나리는 오래 볶으면 모양과 색이 나빠지므로 주의한다.

- 미나리를 볶아 낸 팬에 절인 무와 설탕을 넣고 볶다가 무를 절였던 간장으로 색과 간을 맞춘다.

3. 담기

- 그릇에 볶아 낸 후 쇠고기, 무, 미나리, 실고추, 깨소금, 참기름을 넣고 살짝 버무린 후 완성 그릇에 담아낸다.

Tip 실고추를 미리 넣고 버무리면 무에 붉은 물이 들어 보기에 좋지 않다.

오이숙장아찌

시험시간 25분

동영상 수록

요구사항

1. 오이는 0.5×0.5×5㎝ 정도, 쇠고기는 0.3×0.3×4㎝ 정도, 표고버섯은 0.3×4㎝ 정도 크기의 폭으로 써시오.
2. 오이, 쇠고기, 표고버섯은 각각 조리하여 함께 무쳐 50g 이상 제출하시오.

지급재료

	재료명	규격	단위	수량
1	오이	가는 것 (20cm 정도)	개	½
2	건표고버섯	지름 5cm 정도, 물에 불린 것	개	1
3	대파	흰 부분(4cm 정도)	토막	1
4	마늘	중(깐 것)	쪽	1
5	쇠고기	살코기	g	30
6	식용유		mℓ	30
7	소금	정제염	g	5
8	진간장		mℓ	20
9	깨소금		g	5
10	참기름		mℓ	5
11	백설탕		g	5
12	검은 후춧가루		g	1
13	실고추		g	1

쇠고기 양념장

간장 1ts, 다진 파·다진 마늘 약간씩
설탕·후추·깨소금·참기름 약간씩

표고버섯 양념장

간장·설탕·참기름 약간

만드는 방법

재료 확인 – 재료 손질 – 재료 양념 – 재료 볶기 – 완성 그릇 담기

1. 재료 손질하기

- 파·마늘은 곱게 다진다.
- 오이는 소금으로 문질러 씻어 주고 0.5×0.5×5㎝ 길이로 썰어 소금에 절여 준다.

Tip 오이를 성형할 때는 안에 있는 씨를 제거한다. (볶았을 때 물이 생기거나 씨가 뭉그러져 나와 음식이 지저분해지기 때문이다.)

- 절인 오이는 면보에 싸서 부러지지 않게 물기를 제거한다.

Tip 절여진 오이의 물기를 제거할 때 면보에 싸서 너무 힘주어 비틀면 오이가 부러지거나 멍이 들기 쉬우므로 주의한다.

- 쇠고기는 0.3×0.3×4㎝로 채 썰어 양념한다.
- 표고버섯은 물기를 제거한 후 0.3×0.3×4㎝ 길이로 채 썰어 양념한다.
- 실고추는 4㎝로 잘라 준다.

2. 재료 볶기

- 팬에 기름을 두르고 파랗게 오이를 볶아 낸 후 표고와 쇠고기를 볶는다.

Tip 오이는 센 불에서 빨리 볶아 펼쳐서 식혀야 파란색과 아삭거림을 유지할 수 있다.

Tip 오이, 쇠고기, 표고버섯은 각각 볶아서 식힌 후에 무쳐야 물기가 생기지 않고 오이 색이 깨끗하다.

3. 담기

- 넓은 그릇에 볶은 오이, 표고버섯, 쇠고기, 실고추, 깨소금, 참기름을 넣고 버무린다.

Tip 실고추는 미리 넣어 두면 오이의 흰 부분에 붉은색이 들어서 보기 좋지 않다.

재료 손질하기 ①

재료 손질하기 ②

재료 볶기

재료 버무리기

완성

생선찌개

시험시간
30분

요구사항

1. 생선은 4~5㎝ 정도의 토막으로 자르시오. (생선의 크기에 따라 길이를 가감할 수 있다.)
2. 무, 두부는 2.5×3.5×0.8㎝로 써시오.
3. 호박은 0.5㎝ 반달형, 고추는 통어슷썰기, 쑥갓과 파는 4㎝로 써시오.
4. 고추장, 고춧가루를 사용하여 만드시오.
5. 각 재료는 익는 순서에 따라 조리하고, 생선살이 부서지지 않도록 하시오.
6. 생선머리를 포함하여 전량 제출하시오.

지급재료

	재료명	규격	단위	수량
1	동태	300g 정도	마리	1
2	무		g	60
3	애호박		g	30
4	두부		g	60
5	풋고추	길이 5cm 이상	개	1
6	홍고추(생)		개	1
7	쑥갓		g	10
8	마늘	중(깐 것)	쪽	2
9	생강		g	10
10	실파		g	40
11	고추장		g	30
12	소금	정제염	g	10
13	고춧가루		g	10

만드는 방법

재료 확인 – 재료 손질 – 찌개 끓이기 – 완성 그릇 담기

재료 손질하기 ①

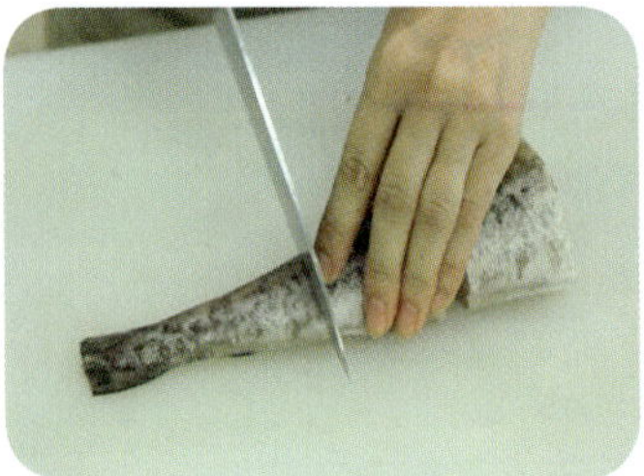

재료 손질하기 ②

1. 재료 손질하기

- 생강·마늘은 곱게 다진다.
- 생선은 비늘을 긁어내고 지느러미는 떼어 잘 씻은 후 4~5cm 길이로 토막 낸다.

Tip 먹을 수 있는 내장 부분은 골라 두고 내장이 있던 부위의 검은 막은 제거한다.

Tip 생선 머리 부분을 사용할 경우 주둥이를 약간 잘라 내고 아가미도 제거한다.

- 무, 두부는 2.5×3.5×0.8cm로 썬다.
- 호박은 0.5cm 두께의 반달형 또는 은행잎 모양으로 썬다.
- 풋고추, 홍고추는 어슷하게 통으로 썰어 씨를 제거한다.
- 쑥갓과 실파는 4cm 길이로 썬다.

2. 찌개 끓이기

- 냄비에 물을 넣고 끓이다가 고추장을 풀고 소금으로 간을 맞춘 후 무를 넣는다.

Tip 고추장은 물이 끓은 후에 풀어야 국물맛이 개운하다. 고추장을 너무 많이 넣거나 필요 이상으로 오래 끓이면 국물맛이 텁텁하다.

Tip 무는 익히는 데 시간이 많이 걸리므로 미리 넣는다.

- 무가 반쯤 익으면 생선, 호박, 고춧가루를 순서대로 넣고 다시 끓어오르면 조금 두었다가 거품을 걷어낸다.

Tip 끓이는 도중 거품을 걷어내야 국물맛이 개운하다.

Tip 생선은 국물이 끓을 때 넣어야 생선살이 부서지지 않는다.

- 두부, 풋고추, 홍고추, 마늘, 생강을 넣는다.

Tip 두부는 미리 넣으면 크기가 불어나고 단단해지며 형태가 부서지기 쉽다.

3. 담기

- 생선 맛이 잘 우러나면 쑥갓과 실파를 넣어 불을 끄고 완성 그릇에 담는다.

Tip 실파와 쑥갓을 찌개에 넣자마자 불을 꺼야 뭉그러지지 않는다.

찌개 끓이기

담기

완성

두부젓국찌개

시험시간 20분

동영상 수록

요구사항

1. 두부는 2×3×1㎝로 써시오.
2. 홍고추는 0.5×3㎝, 실파는 3㎝ 길이로 써시오.
3. 간은 소금과 새우젓으로 하고, 국물을 맑게 만드시오.
4. 찌개의 국물은 200㎖ 제출하시오.

지급재료

	재료명	규격	단위	수량
1	두부		g	100
2	생굴	껍질 벗긴 것	g	30
3	실파		g	20
4	홍고추(생)		개	½
5	새우젓		g	10
6	마늘	중(깐 것)	쪽	1
7	참기름		㎖	5
8	소금	정제염	g	5

만드는 방법

재료 확인 – 재료 손질 – 찌개 끓이기 – 완성 그릇 담기

1. 재료 손질하기

- 마늘은 곱게 다진다.
- 굴은 연한 소금물에 흔들어 가며 씻는다.

Tip 굴을 손질하거나 끓이는 도중에 터지지 않게 주의한다. (굴이 터지면 국물이 탁해진다.)

- 두부는 폭과 길이 3×2㎝, 두께 1㎝로 썰어 찬물에 담가 두부의 부스러기를 제거한다.

Tip 두부는 썰어 찬물에 담갔다가 건져 내면 두부부스러기를 제거할 수 있어 깨끗하게 끓일 수 있다.

- 실파는 3㎝ 길이로 썬다.
- 홍고추는 폭 0.5㎝, 길이 3㎝로 썬다.
- 새우젓은 국물만 쓰는데 건더기가 많을 경우 곱게 다져 약간의 물을 섞은 후 국물만 짜서 준비한다.

재료 손질하기 ①

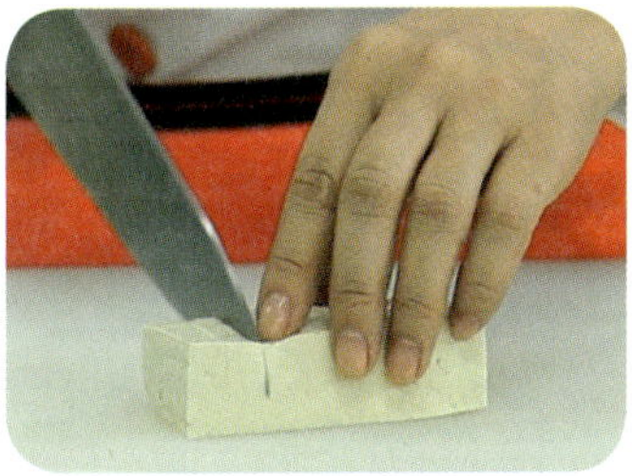

재료 손질하기 ②

찌개 끓이기

담기

완성

2. 찌개 끓이기

- 냄비에 물을 넣고 소금으로 심심하게 간을 하여 끓으면 두부를 넣고 잠깐 끓인다.

Tip 두부젓국찌개는 두부를 넣는 순서를 잘 맞춰서 끓이고 두부의 형태가 부서지지 않게 한다.

Tip 두부를 오래 넣고 끓이면 두부가 불어나므로 주의한다.

- 굴, 홍고추, 다진 마늘을 넣고 새우젓국으로 간을 맞춘 다음 실파를 넣자마자 불을 끄고 참기름을 떨어뜨린다.

Tip 굴을 넣어 오래 끓이면 국물이 탁해진다. (굴이 동그랗게 부풀어오르면 익은 것이므로 더 이상 오래 끓이지 않는다.)

Tip 홍고추는 오래 끓이면 국물에 홍고추 물이 들므로 주의한다.

Tip 홍고추의 양을 너무 많이 넣으면 완성품이 지저분해 보이므로 주의한다.

Tip 실파는 찌개에 넣자마자 불을 꺼야 숨이 죽는 것을 방지할 수 있다.

3. 담기

- 완성 그릇에 담는다.

닭찜

시험시간 35분

동영상 수록

요구사항

1. 닭은 4~5㎝ 정도로 토막을 내시오.
2. 닭은 끓는 물에서 기름을 제거하고, 토막 낸 닭은 부서지지 않게 조리하시오.
3. 당근은 3㎝ 정도 크기로 잘라 모서리를 다듬어 사용하시오.
4. 완성된 닭찜은 5토막 이상 제출하시오.
5. 황·백지단은 완자(마름모꼴)모양으로 만들어 고명으로 각 2개씩 얹으시오.

지급재료

	재료명	규격	단위	수량
1	닭		마리	½
2	양파	중(150g 정도)	개	⅓
3	당근	길이 7㎝ 정도, 곧은 것	g	50
4	건표고버섯	지름 5㎝ 정도, 물에 불린 것	개	1
5	달걀		개	1
6	대파	흰 부분(4㎝ 정도)	토막	1
7	마늘	중(깐 것)	쪽	2
8	생강		g	10
9	진간장		㎖	50
10	백설탕		g	20
11	검은 후춧가루		g	2
12	깨소금		g	5
13	참기름		㎖	10
14	은행	겉껍질 깐 것	개	3
15	소금	정제염	g	5
16	식용유		㎖	30

양념장

간장 50㎖, 설탕 20g, 참기름 10㎖,
소금 5㎖, 깨소금 5㎖, 검은 후춧가루 2㎖,
다진 마늘 1ts, 다진 파 2ts, 생강 약간

만드는 방법

재료 확인 – 재료 손질 – 재료 양념 – 재료 볶기 – 완성 그릇 담기

1. 재료 손질하기

- 파·마늘·생강은 곱게 다진다.
- 따뜻한 설탕물에 표고를 불리고, 불린 표고는 기둥을 떼고 밤알크기로 등분한다.
- 닭은 내장과 기름을 제거한 후 4~5㎝로 토막을 내고 살이 두꺼운 쪽에 칼집을 넣어 찬물에 담가 핏물을 제거한 다음 끓는 물에 데쳐 기름기를 제거한다.

Tip 기름기는 끓는 물에 데쳐서 제거한다.

- 당근은 밤알 크기로 썰어 모서리를 다듬는다.
- 양파는 낱장으로 떨어지지 않게 길이로 썬다.
- 달걀은 황·백으로 나누어 지단을 부치고, 식으면 2×2㎝의 마름모꼴로 썬다.

재료 손질하기 ①

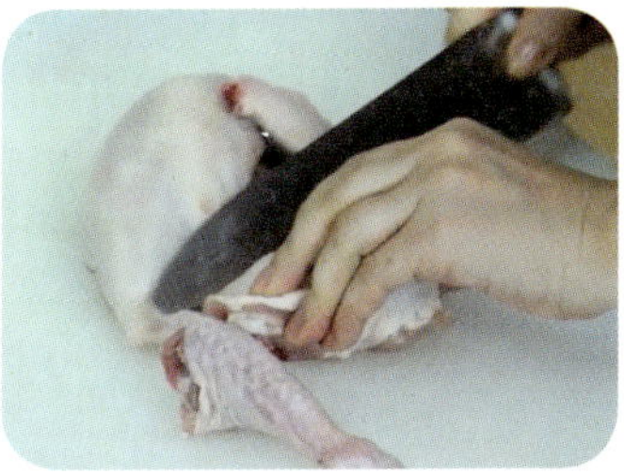

재료 손질하기 ②

양념장 만들기

재료 조리기

담기

완성

2. 재료 조리기

- 은행은 참기름을 살짝 두르고 소금을 넣어 파랗게 볶아 껍질을 벗긴다.

Tip 키친타월로 껍질을 비벼가며 벗기면 편리하다.

- 냄비에 닭, 당근, 물 1컵과 양념장 ½을 넣고 센 불에서 끓이다가 끓기 시작하면 거품을 제거하고 뚜껑을 덮어 중간 불 이하로 줄인다.
- 닭과 당근이 거의 익어 가면 뚜껑을 열고 표고, 양파, 나머지 양념장을 넣는다.
- 모든 재료가 익고 양념이 고루 들면 은행을 넣고 센 불에서 한 번 재빨리 끓인 후 불을 끈다.

Tip 닭에 두 번째 양념장을 넣을 때 뚜껑을 열고 국물을 끼얹어 가며 조려야 윤기가 난다.

Tip 닭과 당근이 설익거나 양파가 무르지 않도록 주의한다.

3. 담기

- 완성 그릇에 닭과 채소를 담고 국물을 끼얹은 다음 지단을 올린다.

돼지갈비찜

시험시간
30분

요구사항

1. 갈비는 핏물을 제거하여 사용하시오.
2. 감자와 당근은 3㎝ 정도 크기로 잘라 모서리를 다듬어 사용하시오.
3. 완성된 갈비찜은 무르지 않고 잘 부서지지 않게 조리하시오.
4. 갈비는 전량을 국물과 함께 담아 제출하시오.

지급재료

	재료명	규격	단위	수량
1	돼지갈비	5cm(토막)	g	200
2	감자	150g 정도	개	½
3	당근	길이 7cm 정도 (곧은 것)	g	50
4	대파	흰 부분(4cm 정도)	토막	1
5	마늘	중(깐 것)	쪽	2
6	생강		g	10
7	진간장		mℓ	40
8	백설탕		g	20
9	검은 후춧가루		g	2
10	깨소금		g	5
11	참기름		mℓ	5
12	양파	중(150g 정도)	개	⅓
13	홍고추(생)		개	½

양념간장
진간장 40mℓ, 백설탕 20mℓ, 파 2ts, 마늘 1ts, 생강·후추·참기름 약간

만드는 방법

재료 확인 – 재료 손질 – 재료 양념 – 재료 볶기 – 완성 그릇 담기

1. 재료 손질하기

- 파·마늘·생강은 곱게 다진다.
- 돼지갈비는 기름기나 힘줄을 떼어 내고 칼집을 깊숙이 넣어 찬물에 담가 핏물을 제거한다.
- 당근, 감자는 밤알 크기로 썰어 모서리를 다듬는다.
- 양파는 뿌리를 살려 길이로 등분한다.
- 홍고추는 어슷하게 썰어 씨를 뺀다.

2. 재료 조리기

- 냄비에 기름을 두르고 약한 불에서 홍고추를 넣어 은근히 볶아 매운맛을 낸다.
- 노릇하게 지진 갈비에 당근, 감자, 물 1컵과 양념장 ½을 넣고 센 불에서 끓이다가 끓기 시작하면 거품을 제거하고 뚜껑을 덮어 중간 불 이하로 줄인다.

Tip 단단한 재료로 찜을 할 경우 양념장을 두 번에 나누어 넣으면 색이 예쁘다.

Tip 갈비와 딱딱한 채소가 익을 때까지는 뚜껑을 덮어 푹 익혀야 하므로 타지 않도록 주의하며, 익은 후에는 뚜껑을 열어 국물을 끼얹어 가며 윤기나게 조린다.

재료 손질하기 ①

재료 손질하기 ②

양념장 만들기

재료 조리기

담기

완성

3. 담기

- 모든 재료가 익고 양념이 고루 들면 센 불에서 윤기를 내며 국물을 1~2Ts 정도 남기고 불을 끈다.
- 완성 그릇에 갈비와 채소를 담고 국물을 끼얹는다.

북어찜

시험시간
25분

요구사항

1. 완성된 북어의 길이는 5㎝가 되도록 하시오.
2. 북어찜은 가로로 잘라 3토막 이상 제출하시오. (단, 세로로 잘라 3/6토막 제출할 경우 수량부족으로 미완성처리)

지급재료

	재료명	규격	단위	수량
1	북어포	반을 갈라 말린 껍질이 있는 것(40g)	마리	1
2	진간장		mℓ	30
3	백설탕		g	10
4	대파	흰 부분(4cm 정도)	토막	1
5	마늘	중(깐 것)	쪽	2
6	생강		g	5
7	검은 후춧가루		g	2
8	깨소금		g	5
9	참기름		mℓ	5
10	실고추		g	1

양념장
간장 2Ts, 설탕 1Ts, 다진 파 2ts, 다진 마늘 1ts, 생강·후추·깨소금·참기름 약간씩

만드는 방법

재료 확인 – 재료 손질 – 재료 양념 – 재료 조리기 – 완성 그릇 담기

재료 손질하기 ①

1. 재료 손질하기

- 파 일부분과 생강·마늘은 곱게 다진다.
- 북어는 물에 담가 불린다.

Tip 북어는 명태 말린 것, 황태는 명태를 겨울에 냉동과 건조를 반복하여 말린 것으로 황색을 띈 것, 코다리는 명태를 하루 동안에 반건조시킨 것, 동태는 명태를 얼린 것, 생태는 명태를 잡은 신선한 상태를 말한다.

▸ 불린 북어는 물기를 제거하고 방망이로 두들겨 부드럽게 한 다음 머리와 지느러미를 자르고 뼈를 발라내어 편다.

▸ 오그라들지 않도록 껍질 쪽에 잔 칼집을 넣고 6~7㎝ 크기로 3토막 낸다.

Tip [통북어 손질 방법]

미지근한 물에 푹 넣기→물기 제거→두드리기→머리, 지느러미 제거→배 갈라 뼈 제거→껍질 쪽에 잔 칼집→3토막

*통북어는 냄비에 물을 넉넉히 붓고 푹 익히면서 찜을 해야 부드럽다.

Tip [편북어 손질 방법]

물에 잠깐 불리기→물기 제거→머리, 지느러미 제거→뼈 제거→껍질 쪽에 잔 칼집→3토막

▸ 파의 나머지 부분은 2㎝ 길이로 가늘게 채 썰고 실고추도 2㎝ 길이로 자른다.

재료 손질하기 ②

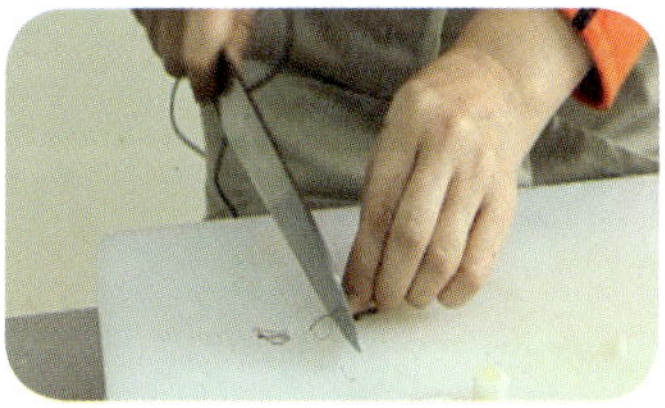

재료 조리기

완성

2. 재료 조리기

▸ 냄비에 손질한 북어를 담은 후 양념장과 물 ½컵을 넣어 센 불에서 끓이다가 거품을 건져 내고 중간 불로 줄인다.

Tip 북어찜을 센 불에서만 조리면 많이 오그라들므로 주의하고 국물을 끼얹어 가면서 조려야 색이 곱고 윤기가 난다.

▸ 국물이 2~3Ts 정도 남게 졸아들면 참기름을 살짝 두르고 센 불에서 끓이다가 거품을 건져 내고 중간 불로 줄인다.

▸ 국물이 1~2Ts 정도 남았을 때 파채와 실고추를 얹는다.

Tip 조리하는 과정에서 생기는 거품은 깔끔히 제거해야 모양이 좋다.

3. 담기

▸ 완성 그릇에 북어찜을 담고 국물을 끼얹는다.

호박선

시험시간 35분

요구사항

1. 애호박은 길이로 반을 갈라서 4㎝ 길이로 어슷썰기를 한 후 3번 칼집을 넣어 소금물에 살짝 절여 사용하시오.
2. 쇠고기, 표고버섯, 당근은 곱게 채 썰어 양념하시오.
3. 황·백지단은 0.1×0.1×2㎝, 실고추는 2㎝, 잣은 반으로 쪼개어(비늘잣) 석이버섯과 함께 고명으로 얹으시오.
4. 완성된 호박선은 2개를 겨자장과 함께 제출하시오.
   [단, 호박을 열십(十)자로 칼집을 내어 제출하는 경우 오작으로 처리]

지급재료

	재료명	규격	단위	수량
1	애호박		g	150
2	쇠고기	살코기	g	20
3	진간장		ml	10
4	대파	흰 부분(4cm 정도)	토막	1
5	마늘	중(깐 것)	쪽	1
6	건표고버섯	지름 5cm 정도, 물에 불린 것	개	1
7	검은 후춧가루		g	1
8	깨소금		g	5
9	참기름		ml	5
10	당근	길이7cm 정도 (중, 곧은 것)	g	50
11	달걀		개	1
12	석이버섯	부서지지 않은 것 (마른 것)	g	5
13	실고추		g	1
14	잣	깐 것	개	3
15	소금	정제염	g	10
16	겨잣가루		g	5
17	식초		ml	5
18	백설탕		g	10
19	식용유		ml	10

쇠고기, 표고, 당근 양념장

다진 파·다진 마늘 약간씩
소금·설탕·후추·깨소금·참기름 약간씩

겨자즙 만들기

겨자 ½Ts, 물 약간, 식초 1Ts, 설탕 1Ts,
소금·간장 약간씩

만드는 방법

재료 확인 – 재료 손질 – 재료 양념 – 재료 볶기 – 완성 그릇 담기

재료 손질하기 ①

재료 손질하기 ②

재료 양념하기

1. 재료 손질하기

- 물을 올린 다음 겨자를 개어서 뚜껑에 올려 수증기로 발효시킨다.
- 파·마늘은 곱게 다진다.
- 표고버섯과 석이는 따뜻한 설탕물에 불린 다음 표고버섯은 곱고 짧게 채 썰고, 석이는 비벼 씻어 돌돌 말아 채 썬다.
- 당근은 곱게 채 썰어 살짝 물기를 제거한다.
- 쇠고기는 곱고 짧게 채 썬다.

Tip 쇠고기, 표고, 당근은 곱고 짧게 채 썰어 양념하여 끈기 있게 한 후 호박 속에 넣어야 익힐 때 빠져나가지 않으며 모양이 좋다.

- 호박을 길게 반으로 잘라 4㎝ 길이로 어슷하게 썰고 3번 칼집을 넣어 소금물에 절인다.

Tip 호박은 칼집을 넣은 뒤 소금물에 절여 부드럽게 하는데 이때 껍질 쪽이 바닥으로 가게 절여야 빨리 절여진다.

Tip 호박을 빨리 절이기 위해서는 미지근한 소금물에 절이거나 끓는 소금물에 살짝 데친 후 다시 소금물에 절인다.

- 달걀은 황·백으로 나누어 지단을 부치고 2㎝ 길이로 곱게 채 썬다.
- 실고추는 2㎝ 길이로 자른다.
- 잣은 고깔을 뗀다.

Tip 잣과 실고추는 물이 묻지 않게 보관한다.

- 겨자즙을 만든다.

2. 재료 끓이기

- 호박은 물기를 제거하고 칼집 사이에 섞은 재료를 끼워 넣는다.
- 팬에 기름을 두르고 지단을 부친 후 석이를 볶는다.
- 냄비에 쇠고기 자투리와 호박이 반 정도 잠길 만큼의 물을 넣고 간장으로 색을 내고 소금으로 간을 하여 육수를 끓인다.
- 육수가 끓으면 호박을 넣고 국물을 끼얹어 가며 익힌다.

Tip 육수의 양이 많거나 소를 너무 가득 채우면 끓일 때 소가 빠져나올 수 있다.

Tip 호박은 뚜껑을 열고 국물을 끼얹어 가며 익히면 호박의 색이 가장 좋다.

Tip 호박이 너무 많이 익으면 부서지기 쉽고 모양아 나빠지므로 너무 푹 익히지 않도록 주의한다.

3. 담기

- 호박이 투명하게 익으면 완성 그릇에 담고 실고추, 석이, 잣을 고명으로 얹는다.
- 육수는 바닥이 깔릴 정도로 담고 겨자즙을 곁들인다.

재료 끼워넣기

끓이기

완성

제육구이

시험시간 30분

요구사항

1. 완성된 제육은 0.4×4×5㎝ 정도로 하시오.
2. 고추장 양념하여 석쇠에 구우시오.
3. 제육구이는 전량 제출하시오.

지급재료

	재료명	규격	단위	수량
1	돼지고기	등심 또는 볼깃살	g	150
2	고추장		g	40
3	진간장		mℓ	10
4	대파	흰 부분(4cm 정도)	토막	1
5	마늘	중(깐 것)	쪽	2
6	검은 후춧가루		g	2
7	백설탕		g	15
8	깨소금		g	5
9	참기름		mℓ	5
10	생강		g	10
11	식용유		mℓ	10

고추장 양념장

고추장 2Ts, 설탕 1Ts, 다진 파 2ts, 다진 마늘 1ts, 생강·간장·후추 약간씩

만드는 방법

재료 확인 – 재료 손질 – 재료 양념 – 재료 굽기 – 완성 그릇 담기

재료 손질하기

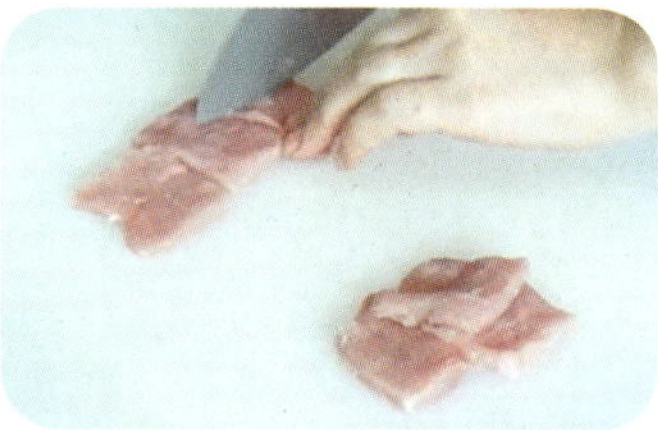

양념장 만들기

양념장 바르기

재료 굽기

완성

1. 재료 손질하기

- 파·마늘은 곱게 다진다.
- 돼지고기는 핏물을 제거하고 길이와 넓이 4.5×5.5㎝, 두께 0.4㎝로 성형한 후 잔 칼집을 넣는다.

Tip 돼지고기를 구울 때는 쇠고기처럼 많이 줄어들지 않으므로 썰 때 감안한다.

- 돼지고기에 고추장 양념장을 골고루 묻혀 재어 둔다.

Tip 고추장 양념에 간장을 약간 넣으면 음식의 맛이 좋아지지만 색이 어두워지므로 주의한다.

2. 재료 굽기

- 석쇠를 달군 후 기름을 발라 코팅 처리한다.
- 돼지고기를 얹어 굽는다.

Tip 불이 세면 겉만 타고 속이 익지 않고 약한 불로만 너무 오래 익히면 수분이 말라 윤기가 없다.

Tip 고추장은 불에 잘 타기 때문에 돼지고기가 익기도 전에 겉이 타기 쉬우므로 2~3번 나눠서 얇게 펴서 바르는 것이 좋다.

3. 담기

- 완성 그릇에 담는다.

너비아니구이

시험시간 25분

요구사항

1. 완성된 너비아니는 0.5×4×5㎝로 하시오.
2. 석쇠를 사용하여 굽고, 6쪽 제출하시오.
3. 잣가루를 고명으로 얹으시오.

지급재료

	재료명	규격	단위	수량
1	쇠고기	안심 또는 등심	g	100
2	진간장		mℓ	50
3	대파	흰 부분(4cm 정도)	토막	1
4	마늘	중(깐 것)	쪽	2
5	검은 후춧가루		g	2
6	백설탕		g	10
7	깨소금		g	5
8	참기름		mℓ	10
9	배		개	⅛
10	식용유		mℓ	10
11	잣	깐 것	개	5
12	A4 용지		장	1

불고기 양념장
간장 50mℓ, 설탕 10mℓ, 다진 파 1ts,
다진 마늘 ½ts, 배즙 1Ts,
후추·깨소금·참기름 약간씩

만드는 방법

재료 확인 – 재료 손질 – 재료 양념 – 재료 굽기 – 완성 그릇 담기

1. 재료 손질하기

- 파·마늘은 곱게 다진다.
- 잣은 고깔을 떼어 내고 종이 위에서 다진다.
- 쇠고기는 핏물을 제거하고 5×6×0.4㎝로 성형한 후 잔 칼집을 넣는다.

  Tip 쇠고기는 결 반대로 썰어야 연하다.
- 배를 강판에 갈아 면보로 짜서 즙을 낸다.
- 양념장에 고기를 1장씩 담가 양념을 고루 묻혀 재어 둔다.

  Tip 냉동된 고기는 핏물이 빠진 후 양념해서 구워야 빛깔이 검지 않아서 좋다.

2. 재료 굽기

- 석쇠는 달군 후 기름을 발라 코팅 처리한다.
- 쇠고기를 얹어 굽는다.

  Tip 고기의 가장자리가 잘 타므로 가장자리에 기름을 살짝 발라 구우면 덜 탄다.

  Tip 처음에는 센 불에서 구워 표면을 응고시키고 불을 낮추어 양념장을 조금씩 발라가며 구우면 고기가 덜 타게 되고 색이 곱고 윤이 난다.

3. 담기

- 완성 그릇에 담아 잣가루를 고명으로 얹는다.

재료 손질하기

재료 양념하기

재료 굽기

완성

더덕구이

시험시간 30분

요구사항

1. 더덕은 껍질을 벗겨 사용하시오.
2. 유장으로 초벌구이를 하고 고추장 양념으로 석쇠에 구우시오.
3. 완성품은 전량 제출하시오.

지급재료

	재료명	규격	단위	수량
1	통더덕	껍질 있는 것 (길이 10~15cm 정도)	개	3
2	진간장		mℓ	10
3	대파	흰 부분(4cm 정도)	토막	1
4	마늘	중(깐 것)	쪽	1
5	고추장		g	30
6	백설탕		g	5
7	깨소금		g	5
8	참기름		mℓ	10
9	소금	정제염	g	10
10	식용유		mℓ	10

고추장 양념장

고추장 2Ts, 설탕 1ts, 다진 파 1ts, 다진 마늘 ½ts, 간장·후추·깨소금·참기름 약간씩, 물 약간

유장

간장 ⅔Ts, 참기름 1ts

만드는 방법

재료 확인 – 재료 손질 – 재료 양념 – 재료 굽기 – 완성 그릇 담기

재료 손질하기 ①

재료 손질하기 ②

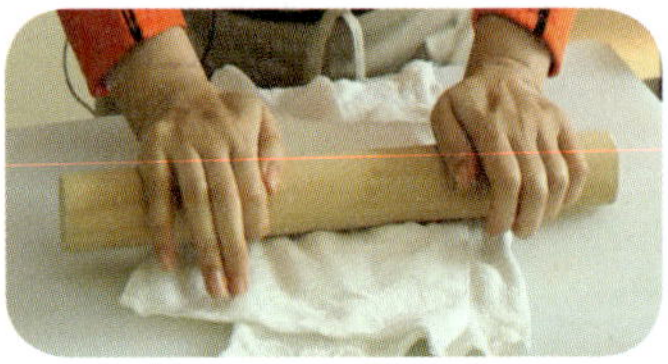

재료 손질하기③

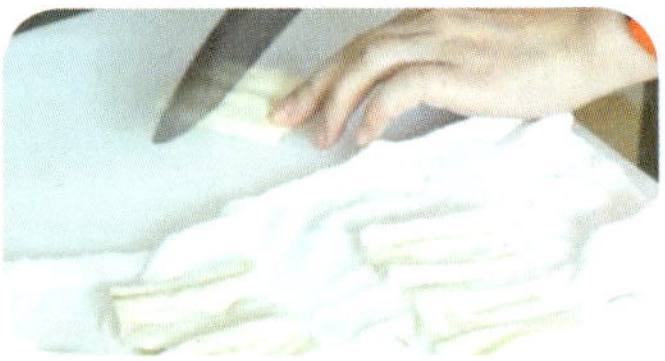

양념장 바르기

재료 굽기

완성

1. 재료 손질하기

- 파·마늘은 곱게 다진다.
- 더덕은 씻어서 껍질을 돌려 가며 벗겨 5㎝ 길이로 자르고 반으로 잘라 소금물에 담근다.
- 더덕의 수분을 제거하고 두들겨 부드럽게 만든다. 다시 한번 더덕의 수분을 제거하고 유장을 바른다.

Tip 더덕이 부서지지 않도록 두드린다.

2. 재료 굽기

- 석쇠는 달군 후 기름을 발라 코팅 처리한다.
- 유장 처리한 더덕을 애벌구이한다.
- 고추장 양념장을 발라 타지 않게 굽는다.

Tip 더덕이 타지 않도록 굽는 데 유의한다.

Tip 더덕을 구울 때 고추장을 한번에 많이 발라 굽지 말고 2~3번 나눠서 얇게 펴서 바르는 것이 좋다.

Tip 가장자리와 끝이 잘 타므로 불 조절을 잘한다. (가장자리에 유장을 바르면 덜 탄다.)

3. 담기

- 완성 그릇에 담는다.

생선양념구이

시험시간 30분

요구사항

1. 생선은 머리와 꼬리를 포함하여 통째로 사용하고 내장은 아가미쪽으로 제거하시오.
2. 유장으로 초벌구이하고, 고추장 양념으로 석쇠에 구우시오.
3. 생선구이는 머리 왼쪽, 배 앞쪽 방향으로 담아내시오.

지급재료

	재료명	규격	단위	수량
1	조기	100g~120g 정도	마리	1
2	진간장		mℓ	20
3	대파	흰 부분(4cm 정도)	토막	1
4	마늘	중(깐 것)	쪽	1
5	고추장		g	40
6	백설탕		g	5
7	깨소금		g	5
8	참기름		mℓ	5
9	소금	정제염	g	20
10	검은 후춧가루		g	2
11	식용유		mℓ	10

고추장 양념장

고추장 1Ts, 설탕 ½Ts, 다진 파 1ts, 다진 마늘 ½ts,
간장·후추·깨소금·참기름·물 약간

유장

간장 1Ts, 참기름 1ts

만드는 방법

재료 확인 – 재료 손질 – 재료 양념 – 재료 굽기 – 완성 그릇 담기

1. 재료 손질하기

- 파·마늘은 곱게 다진다.
- 생선의 비늘을 긁어내고 생선의 배를 가르지 말고 입이나 아가미 쪽으로 내장을 뺀다. 그리고 손질한 생선을 씻고 지느러미를 다듬는다.
- 생선의 앞뒷면에 칼집을 넣은 다음 소금을 약간 뿌려 둔다.

Tip [생선 손질하는 법]

→ 칼을 이용하여 생선의 비늘을 꼬리에서 머리쪽으로 긁어낸다.

→ 생선 배가 터지지 않도록 입이나 아가미 쪽으로 나무젓가락을 넣고 돌려서 뒤로 빼내어 내장을 제거한다. (내장이 남아 있으면 구울 때 물이 나오므로 내장이 터지거나 남지 않도록 한다.)

→ 생선의 지느러미를 제거하지 않으면 타기 쉬우므로 꼬리 부분을 제외한 지느러미를 잘라 낸다. 단, 너무 바짝 잘라 생선살이 찢기지 않게 한다.

→ 꼬리 부분의 지느러미는 끝만 살짝 다듬어 준다. (V모양)

→ 생선에 칼집을 넣는다. 칼집은 살이 많은 부분에만 넣는다. (내장을 빼낸 배 쪽에 칼집이 들어가면 생선이 익으면서 배 쪽이 터지기 쉽다.)

→ 소금을 뿌린다.

→ 생선의 물기를 제거하나 생선에 소금을 뿌려 두면 수분이 빠져나오므로 완전히 닦아 낸 후 유장을 바른다.

- 생선 수분을 제거한 후 **유장**에 재운다.

재료 손질하기 ①

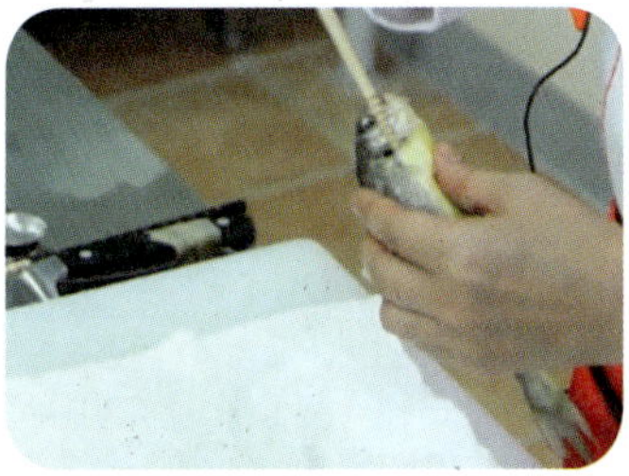

재료 손질하기 ②

재료 굽기

양념장 바르기

완성

2. 재료 굽기

- 석쇠는 달군 후 기름을 발라 코팅 처리한다.

  Tip 생선을 구울 때 석쇠를 충분히 코팅 처리한 후에 구워야 생선이 석쇠에 달라붙지 않고 반듯하게 구워진다.

- 유장 처리한 생선을 애벌구이한다.

  Tip 생선은 가장자리와 꼬리가 잘 타므로 가장자리와 꼬리 부분에 유장을 넉넉히 바른다.

- 애벌구이 한 생선은 **고추장 양념장**을 발라 타지 않게 굽는다.

  Tip 생선은 유장 처리해서 애벌구이할 때 거의 익히고 고추장 양념장을 바른 다음에 구울 때는 고추장을 말리는 정도로만 구워낸다.

3. 담기

- 완성 그릇에 머리가 왼쪽 꼬리가 오른쪽, 배가 앞쪽으로 오게 담는다.

북어구이

시험시간 20분

요구사항

1. 구워진 북어의 길이는 5㎝로 하시오.
2. 유장으로 초벌구이를 하고, 고추장 양념으로 석쇠에 구우시오.
3. 완성품은 3개를 제출하시오. (단, 세로로 잘라 3/6토막 제출할 경우 수량부족으로 미완성처리)

지급재료

	재료명	규격	단위	수량
1	북어포	반을 갈라 말린 껍질 있는 것(40g)	마리	1
2	진간장		mℓ	20
3	대파	흰 부분(4㎝ 정도)	토막	1
4	마늘	중(깐 것)	쪽	2
5	고추장		g	40
6	백설탕		g	10
7	깨소금		g	5
8	참기름		mℓ	15
9	검은 후춧가루		g	2
10	식용유		mℓ	10

고추장 양념장

고추장 1Ts, 설탕 ½Ts, 다진 파 1ts, 다진 마늘 ½ts, 간장·후추·깨소금·참기름·물 약간씩

유장

간장 1Ts, 참기름 1ts

만드는 방법

재료 확인 – 재료 손질 – 재료 양념 – 재료 굽기 – 완성 그릇 담기

1. 재료 손질하기

- 파·마늘은 곱게 다진다.

Tip 고추장 양념장의 파, 마늘은 곱게 다져야 구울 때 덜 탄다.

- 북어는 물에 담가 불리고 불린 북어는 수분을 제거하고 방망이로 두들겨 부드럽게 한 다음 머리와 지느러미를 자르고 뼈를 발라내어 편다.

Tip 북어가 부서지지 않도록 유의한다.

- 오그라들지 않도록 껍질 쪽에 잔 칼집을 넣고 6~7㎝ 정도의 크기로 3토막을 낸다.
- 북어는 수분을 다시 한번 제거하고 유장에 재운다.

2. 재료 굽기

- 석쇠는 달군 후 기름을 발라 코팅 처리한다.
- 유장 처리한 북어를 애벌구이한다.

Tip 북어가 타지 않도록 잘 굽는다.

- 애벌구이한 북어는 고추장 양념장을 바른 후 타지 않게 굽는다.

Tip 고추장 양념장은 뻑뻑하지 않도록 물로 농도를 조절한다.

Tip 북어는 유장 처리해서 애벌구이할 때 거의 익히고 고추장 양념장을 바른 다음 구울 때는 고추장을 말리는 정도로만 구워낸다.

Tip 가장자리가 잘 타므로 불 조절을 잘한다. (가장자리에 유장을 넉넉히 바르면 덜 탄다.)

3. 담기

- 완성 그릇에 담는다.

재료 손질하기

재료 양념하기

재료 굽기

완성

섭산적

시험시간 30분

동영상 수록

요구사항

1. 고기와 두부의 비율을 3:1 정도로 하시오.
2. 다져서 양념한 쇠고기는 크게 반대기를 지어 석쇠에 구우시오.
3. 완성된 섭산적은 0.7×2×2㎝로 9개 이상 제출하시오.

지급재료

	재료명	규격	단위	수량
1	쇠고기	살코기	g	80
2	두부		g	30
3	대파	흰 부분(4cm 정도)	토막	1
4	마늘	중(깐 것)	쪽	1
5	소금	정제염	g	5
6	백설탕		g	10
7	깨소금		g	5
8	참기름		mℓ	5
9	검은 후춧가루		g	2
10	잣	깐 것	개	10
11	A4용지		장	1
12	식용유		mℓ	30

양념장

소금 1ts, 다진 파·다진 마늘 약간씩
설탕·후추·깨소금·참기름 약간씩

만드는 방법

재료 확인 – 재료 손질 – 재료 양념 – 재료 볶기 – 완성 그릇 담기

재료 손질하기 ①

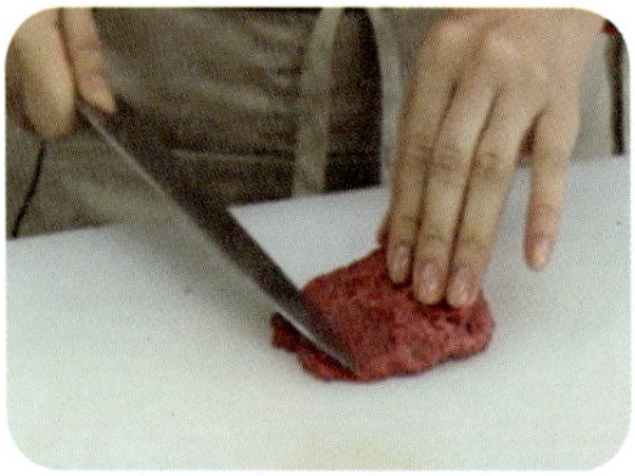

재료 손질하기 ②

재료 굽기

완성

1. 재료 손질하기

- 파·마늘은 곱게 다진다.
- 쇠고기는 핏물과 기름기, 힘줄을 제거한 다음에 곱게 다진다.
- 두부는 면보로 싸서 물기를 제거하고 도마 위에서 칼등으로 곱게 으깬다.
- 쇠고기와 두부를 양념하여 고루 섞어 끈기 나게 치댄다.
- 치댄 반죽은 0.6㎝ 두께로 네모지게 반대기를 빚어 가로, 세로로 잔 칼집을 넣는다.

Tip [소반대기 빚기]

→쇠고기와 두부의 양은 3:1이 적당하다.

→쇠고기, 두부, 파, 마늘을 곱게 다지고 나머지 양념을 한 후 끈기가 생기도록 오래 치대야 모양을 잡은 후 구울 때 갈라지지 않는다.

*완성된 섭산적이 부서지는 것은 두부의 양이 너무 많거나 고루 치대지 않았을 때이다.

→반대기를 빚을 때 도마에 기름을 살짝 바르면 석쇠로 옮기기 쉽다.

→반대기 위에 잔 칼집을 넣는 것은 모양이 좋고 덜 오그라들도록 하기 위해서이다.

- 잣은 고깔을 떼어 내고 종이 위에서 다진다.

2. 재료 굽기

- 석쇠는 달군 후 기름을 발라 코팅 처리한다.
- 코팅한 석쇠에 반대기 빚은 것을 올려놓고 타지 않게 굽는다.

Tip 섭산적이 석쇠에 달라붙지 않도록 석쇠에 코팅을 잘하여 굽고 혹시 굽는 도중 달라붙었다 할지라도 억지로 떼지 말고 식혔다가 칼로 살살 부서지지 않게 떼어낸다.

- 구운 섭산적을 충분히 식혔으면 2×2㎝ 크기로 썬다.

Tip 섭산적은 식은 후 썰어야 모양이 부서지지 않는다.

3. 담기

- 완성 그릇에 담고 다진 잣을 조금씩 올려 놓는다.

화양적

시험시간 35분

동영상 수록

요구사항

1. 화양적은 0.6×6×6㎝로 만드시오.
2. 달걀노른자로 지단을 만들어 사용하시오. (단, 달걀흰자 지단을 사용하는 경우 오작처리)
3. 화양적은 2꼬치를 만들고 잣가루를 고명으로 얹으시오.

지급재료

	재료명	규격	단위	수량
1	쇠고기	살코기(길이 7cm)	g	50
2	건표고버섯	지름 5cm 정도, 물에 불린 것	개	1
3	당근	길이 7cm 정도 (곧은 것)	g	50
4	오이	가늘고 곧은 것 (20cm 정도)	개	½
5	통도라지	껍질 있는 것 (길이 20cm 정도)	개	1
6	산적꼬치	길이 8~9cm 정도	개	2
7	진간장		mℓ	5
8	대파	흰 부분(4cm 정도)	토막	1
9	마늘	중(깐 것)	쪽	1
10	소금	정제염	g	5
11	백설탕		g	5
12	깨소금		g	5
13	참기름		mℓ	5
14	검은 후춧가루		g	2
15	잣	깐 것	개	10
16	A4용지		장	1
17	달걀		개	2
18	식용유		mℓ	30

쇠고기 양념장

간장 1ts, 다진 파·다진 마늘 약간씩
설탕·후추·깨소금·참기름 약간씩

만드는 방법

재료 확인 – 재료 손질 – 재료 양념 – 재료 볶기 – 완성 그릇 담기

1. 재료 손질하기

- 냄비에 물을 올린다.
- 파·마늘은 곱게 다진다.
- 표고버섯은 따뜻한 설탕물에 불리고 물기와 기둥을 제거한 후 1×6×0.6㎝으로 성형해서 간장, 설탕, 참기름으로 양념하여 버무린다.
- 도라지, 당근은 1×6×0.6㎝으로 성형하여 소금물에 데친 다음 찬물로 식힌다.

Tip 도라지는 쓴맛 제거를 위해 소금물에 데치거나 소금에 주물러 씻는다.

Tip 당근은 꼬치에 꽂을 때 잘 부서지므로 시험장에서는 2개만 성형하지 말고 더 만들고 두껍게 성형한다.

- 오이는 껍질 쪽으로 1×6×0.6㎝으로 성형하여 소금에 절인다.
- 쇠고기는 핏물을 제거하고 1.2×7×0.5㎝로 성형한 후 잔 칼집을 넣는다.

Tip 쇠고기는 익으면 수축하기 때문에 넓이는 다소 크게, 두께는 다소 얇게 성형한다.

- 잣은 고깔을 떼고 종이 위에서 다진다.

재료 손질하기

양념장 만들기

재료 볶기

꼬치에 끼우기

길이 맞추기

완성

2. 재료 볶기

- 팬에 식용유를 두르고 도라지→오이→당근→표고→쇠고기 순으로 볶아 낸다.

Tip 오이는 볶을 때 색이 변하지 않게 주의한다.

Tip 쇠고기는 익으면서 많이 줄어들므로 성형할 때 여유 있게 자르고 칼집을 넣어 주면 익을 때 덜 오그라든다.

- 꼬치에 준비된 재료를 색 맞추어 꽂은 후 꼬치의 양 끝을 1㎝ 남기고 자른다.

Tip 표고는 갈색 부분이 위로 오게 꽂는다.

Tip 재료는 2개의 꼬치에 똑같은 위치로 꽂고 꼬치에 식용유를 발라 주면 매끄럽게 꽂을 수 있다.

Tip 표고와 쇠고기처럼 같은 색이 나란하지 않게 하고 당근처럼 잘 부러지는 것은 마지막에 꽂아야 덜 부러진다.

3. 담기

- 화양적을 완성 그릇에 담고 잣가루를 뿌려 낸다.

Tip 주재료를 꼬치에 꽂은 다음 길이를 다듬어 보기 좋게 접시에 담아 낸다.

지짐누름적

시험시간
35분

요구사항

1. 누름적은 0.6×1×6㎝로 하시오.
2. 누름적의 수량은 2개를 제출하고, 꼬치는 빼서 제출하시오.

지급재료

	재료명	규격	단위	수량
1	쇠고기	살코기(길이 7cm)	g	50
2	건표고버섯	지름 5cm 정도, 물에 불린 것	개	1
3	당근	길이 7cm 정도 (중, 곧은 것)	g	50
4	쪽파	중	뿌리	2
5	통도라지	껍질 있는 것, 길이 20cm 정도	개	1
6	밀가루	중력분	g	20
7	달걀		개	1
8	참기름		mℓ	5
9	산적 꼬치	길이 8~9cm 정도	개	2
10	식용유		mℓ	30
11	소금	정제염	g	5
12	진간장		mℓ	10
13	백설탕		g	5
14	대파	흰 부분(4cm 정도)	토막	1
15	마늘	중(깐 것)	쪽	1
16	검은 후춧가루		g	2
17	깨소금		g	5

쇠고기 양념장

간장 ⅔Ts,
다진 파·다진 마늘 약간씩,
설탕·후추·깨소금·참기름 약간씩

만드는 방법

재료 확인 – 재료 손질 – 재료 양념 – 재료 볶기 – 완성 그릇 담기

1. 재료 손질하기

- 파·마늘은 곱게 다진다.
- 표고버섯은 따뜻한 설탕물에 불린다.
- 도라지는 1×6×0.5㎝로 성형하여 소금물에 데친 다음 찬물로 식힌다.
- 실파는 6㎝로 잘라 소금, 참기름으로 버무린다.

Tip 실파에 소금, 참기름을 너무 많이 넣어 버무리면 숨이 죽으므로 주의한다.

- 쇠고기는 핏물을 제거하고 1.2×7×0.4㎝로 성형한 후 잔 칼집을 넣고 양념한다.
- 표고는 기둥을 떼고 물기를 제거한 후 1×6×0.5㎝로 성형한 후 간장, 설탕, 참기름으로 양념하여 버무린다.
- 달걀은 흰자를 조금 덜어 내고 노른자 위주로 풀어 소금으로 간한다.

Tip 색깔을 곱게 하기 위해 달걀흰자의 양을 줄인다.

2. 재료 볶기

- 팬에 식용유를 두르고 도라지→당근→표고→쇠고기 순으로 볶아 낸다.
- 꼬치에 준비된 재료를 색 맞추어 꽂은 다음 밀가루 달걀옷을 입힌다.

Tip 꼬치의 앞면은 밀가루와 달걀물을 살짝 묻혀 옷을 얇게 입힌다. 반대로 뒷면은 밀가루와 달걀물을 듬뿍 묻혀 옷을 두껍게 입히면 지져낸 후 꼬치를 빼도 재료들이 서로 붙어 있게 된다.

Tip 젓가락으로 들어보았을 때 서로 떨어지지 않고 붙어 있어야 하며 만약 떨어지는 경우 달걀물을 살짝 입혀 다시 부친다.

Tip 달걀색 이상의 짙은 색이 나지 않게 약한 불에서 지진다.

3. 담기

- 옷 입힌 재료를 팬에서 지지고 식은 후에 꼬치를 빼고 완성 그릇에 담는다.

Tip 식은 후 꼬치를 빼야 지짐누름적이 부서지지 않는다.

재료 손질하기

재료 데치기

꼬치에 끼우기

재료 볶기

완성

풋고추전

시험시간 25분

요구사항

1. 풋고추는 5㎝ 길이로, 소를 넣고 지져 내시오.
2. 풋고추는 잘라 데쳐서 사용하며, 완성된 풋고추전은 8개를 제출하시오.

지급재료

	재료명	규격	단위	수량
1	풋고추	길이 11cm 이상	개	4
2	쇠고기	살코기	g	30
3	두부		g	15
4	밀가루	중력분	g	15
5	달걀		개	1
6	대파	흰 부분(4cm 정도)	토막	1
7	검은 후춧가루		g	1
8	참기름		mℓ	5
9	소금	정제염	g	5
10	깨소금		g	5
11	마늘	중(깐 것)	쪽	1
12	식용유		mℓ	20
13	백설탕		g	5

양념장
다진 파·다진 마늘 약간씩,
소금·설탕·후추·깨소금·참기름 약간씩

만드는 방법

재료 확인 – 재료 손질 – 재료 양념 – 재료 볶기 – 완성 그릇 담기

재료 손질하기

소 만들기

소 채워 넣기

1. 재료 손질하기

- 물을 올리고 소금을 넣는다.
- 파·마늘은 곱게 다진다.
- 쇠고기는 핏물을 제거하고 곱게 다진다.
- 두부는 면보로 물기를 짜서 칼등으로 곱게 으깬다.
- 다진 쇠고기와 두부를 양념장과 함께 고루 섞어 끈기가 생기도록 오래 치댄다.
- 달걀은 흰자를 조금 덜어 내고 노른자 위주로 풀어 소금으로 간을 한다.

  Tip 전의 색깔을 곱게 하기 위해서는 달걀흰자의 양을 줄인다.
- 풋고추는 반으로 갈라 씨와 속을 제거하고 5㎝ 길이로 성형하여 끓는 소금물에 살짝 데친 후 찬물에 담근다.

  Tip 풋고추 길이가 10㎝ 이상일 때는 위아래에서 각각 5㎝를 잘라 버려지는 부분이 가운데가 되게 한다.

  Tip 풋고추가 너무 맵거나 뻣뻣할 경우 소금물에 살짝 데치거나 소금물에 잠깐 담가 두었다가 사용한다.
- 풋고추의 물기를 제거한 다음 안쪽에 밀가루를 묻히고 밀가루를 묻힌 안쪽에 소를 채운다.

  Tip 소를 넣을 때는 풋고추전이 익으면서 배가 볼록해질 정도로 많이 넣지 말고 소와 풋고추가 잘 밀착이 되도록 넣는다. (소를 너무 많이 넣으면 익히기 어렵고 분리되기도 쉽다.)
- 소가 들어간 쪽만 밀가루를 묻히고 달걀물을 입힌다.

  Tip 풋고추의 등 쪽에는 밀가루와 달걀물이 묻지 않도록 한다.

  Tip 소에 밀가루를 묻힌 후 여분의 밀가루는 반드시 털어낸다. (소에 밀가루가 고르게 묻어야 달걀물이 고르게 입혀진다.)

  Tip 밀가루와 달걀물은 팬에 지지기 직전에 입힌다.

2. 재료 지지기

- 팬에 식용유를 두르고 약한 불로 풋고추전을 지진다.

Tip 풋고추전을 팬에서 지질 때는 온도를 약하게 해야 타지 않고 속까지 고루 익는다.

Tip 풋고추의 등 쪽(파란 부분)은 불을 끄고 잠시 지졌다가 바로 뒤집어야 색이 곱게 된다. (너무 불이 세거나 오래 가열하면 색이 누렇게 변하고 껍질이 하얗게 부르튼다.)

3. 담기

- 완성 그릇에 풋고추전을 담아낸다.

재료 지지기

완성

표고전

시험시간 20분

동영상 수록

요구사항

1. 표고버섯과 속은 각각 양념하여 사용하시오.
2. 표고전은 5개를 제출하시오.

지급재료

	재료명	규격	단위	수량
1	건표고버섯	지름 2.5~4cm 정도	개	5
2	쇠고기	살코기	g	30
3	두부		g	15
4	밀가루	중력분	g	20
5	달걀		개	1
6	대파	흰 부분(4cm 정도)	토막	1
7	검은 후춧가루		g	1
8	참기름		mℓ	5
9	소금	정제염	g	5
10	깨소금		g	5
11	마늘	중(깐 것)	쪽	1
12	식용유		mℓ	20
13	진간장		mℓ	5
14	백설탕		g	5

양념장

소금 1ts, 다진 파·다진 마늘 약간씩,
설탕·후추·깨소금·참기름 약간씩

만드는 방법

재료 확인 – 재료 손질 – 재료 양념 – 재료 볶기 – 완성 그릇 담기

재료 손잘하기

재료 속 만들기

재료 양념하기

재료 속 넣기

1. 재료 손질하기

- 파·마늘은 곱게 다진다.
- 따뜻한 설탕물에 표고를 불린다.

Tip 건표고는 따뜻한 설탕물에 불리면 빨리 불고 맛과 향이 덜 빠진다.

Tip 건표고는 물에 충분히 불려 기둥을 떼고 물기를 꼭 짜서 양념해야 전을 지질 때 물기가 생기지 않는다.

Tip 표고 가운데 두꺼운 부분을 안쪽으로 살짝 두드려 밀어 넣는다.

- 쇠고기는 핏물을 제거하고 곱게 다진다.
- 두부는 면보로 물기를 짜서 칼등으로 곱게 으깬다.
- 쇠고기와 두부를 양념장에 고루 섞어 끈기가 생기도록 오래 치댄다.
- 달걀은 흰자를 조금 덜어 내고 노른자 위주로 풀어 소금으로 간을 해 둔다.
- 표고 안쪽에 참기름, 간장, 설탕으로 양념하고 양념한 표고의 안쪽에 밀가루를 묻히고 속 재료를 넣는다.

Tip 소를 넣을 때는 표고 가장자리에 말려 있는 부분까지 펴서 깊숙이 넣어 주어야 익혔을 때 소가 따로 떨어지지 않고 모양도 좋다.

Tip 소를 너무 많이 넣으면 잘 익지 않고 익혔을 때 볼록해져 모양이 나쁘다.

- 소가 들어간 쪽만 밀가루를 묻히고 달걀물을 입힌다.

Tip 소에 밀가루를 묻힌 후 여분의 밀가루는 반드시 털어낸다.

Tip 전의 색깔을 곱게 하기 위해 달걀흰자의 양을 줄인다.

Tip 밀가루와 달걀물은 팬에서 지지기 직전에 입힌다.

Tip 표고의 등 쪽에 밀가루와 달걀물이 묻지 않도록 한다.

2. 재료 지지기

- 팬에 식용유를 두르고 약한 불로 표고전을 지진다.

Tip 표고전을 팬에서 지질 때 온도를 약하게 해야 타지 않고 속까지 고루 익는다.

3. 담기

- 완성 그릇에 표고전을 담아낸다.

재료 지지기

완성

생선전

시험시간 25분

요구사항

1. 생선전은 0.5×5×4㎝로 만드시오.
2. 달걀은 흰자, 노른자를 혼합하여 사용하시오.
3. 생선전은 8개 제출하시오.

지급재료

	재료명	규격	단위	수량
1	동태	400g 정도	마리	1
2	밀가루	중력분	g	30
3	달걀		개	1
4	소금	정제염	g	10
5	흰후춧가루		g	2
6	식용유		㎖	50

만드는 방법

재료 확인 – 재료 손질 – 재료 양념 – 재료 볶기 – 완성 그릇 담기

1. 재료 손질하기

- 생선의 비늘을 긁은 후 머리, 내장을 제거하고 물로 깨끗하게 씻는다.
- 3장 뜨기를 하여 껍질을 벗긴다.

Tip [생선 손질하기]

→ 칼을 이용하여 생선의 비늘을 꼬리에서 머리 쪽으로 긁어낸다.
→ 생선은 머리, 지느러미, 내장을 제거하고 물로 깨끗이 씻는다.
→ 3장 뜨기 한다.
→ 껍질을 벗긴다. (생선의 껍질이 바닥에, 꼬리 부분이 앞에, 머리 부분이 뒤에 있게 도마에 눕힌다→꼬리 쪽에 칼집을 넣어 조금 떠서 왼손으로 껍질을 잡아 앞으로 당기고 칼을 든 오른손을 뒤로 민다.)
→ 소금, 후추로 간한다.

생선 손질하기

생선 포 뜨기

옷 입히기

재료 지지기

완성

- 생선은 물기를 제거하고 5.5×4.5×0.4㎝로 포를 6개 이상 뜬다.
- 포 뜬 생선에 소금과 흰후춧가루로 간을 한다.
- 생선의 물기를 제거한다.
- 달걀은 흰자를 덜어 내고 노른자 위주로 풀어 소금으로 간하고 생선을 밀가루를 고루 묻히고 준비된 달걀물을 입힌다.

Tip 전의 색깔을 곱게 하기 위해 달걀흰자의 양을 줄인다.

Tip 완자에 밀가루를 묻힌 후 여분의 밀가루는 반드시 털어낸다. (밀가루를 고루 묻혀야 달걀이 고르게 입혀진다.)

Tip 밀가루와 달걀물은 팬에서 지지기 직전에 입힌다. (미리 입히면 옷이 벗겨지고 지진 색도 좋지 않다.)

2. 재료 지지기

- 팬에 식용유를 두르고 약한 불로 생선을 지진다.

Tip 처음에 기름을 살짝 두르고 앞뒤로 뒤집어 가며 모양을 잡은 뒤 생선이 어느 정도 익으면 식용유를 넉넉하게 넣어 윤기를 내며 마저 익힌다. (약한 불에서 지져야 덜 오그라들고 식용유를 많이 넣으면 표면이 거칠다.)

3. 담기

- 완성 그릇에 생선전을 담고 초간장을 곁들인다.

육원전

시험시간
20분

요구사항

1. 육원전은 직경이 4㎝, 두께 0.7㎝ 정도가 되도록 하시오.
2. 달걀은 흰자, 노른자를 혼합하여 사용하시오.
3. 육원전 6개를 제출하시오.

지급재료

	재료명	규격	단위	수량
1	쇠고기	살코기	g	70
2	두부		g	30
3	밀가루	중력분	g	20
4	달걀		개	1
5	대파	흰 부분(4cm 정도)	토막	1
6	검은 후춧가루		g	2
7	참기름		mℓ	5
8	소금	정제염	g	5
9	마늘	중(깐 것)	쪽	1
10	식용유		mℓ	30
11	깨소금		g	5
12	설탕		g	5

양념장

소금 ⅔ts, 다진 파·다진 마늘 약간씩
설탕·후추·깨소금·참기름 약간씩

만드는 방법

재료 확인 – 재료 손질 – 재료 양념 – 재료 볶기 – 완성 그릇 담기

1. 재료 손질하기

- 파·마늘은 곱게 다진다.
- 쇠고기는 핏물을 제거하고 곱게 다진다.
- 두부는 면보로 물기를 짜서 칼등으로 곱게 으깬다.
- 쇠고기와 두부를 양념장에 고루 섞어 끈기가 생기도록 오래 치댄다.
- 달걀은 흰자를 조금 덜어 내고 노른자 위주로 풀어 소금으로 간을 해 둔다.
- 준비한 소를 직경이 3.5㎝, 두께가 0.5㎝ 되도록 완자를 빚는다.

Tip 쇠고기, 두부, 파, 마늘을 곱게 다져야 완성되었을 때 모양이 매끄럽다.

- 완자는 밀가루를 고루 묻히고 준비된 달걀물을 입힌다.

Tip 전의 색깔을 곱게 하기 위해 달걀흰자의 양을 줄인다.

Tip 완자에 밀가루를 묻힌 후 여분의 밀가루는 반드시 털어낸다. (밀가루를 고루 묻혀야 달걀이 고르게 입혀진다.)

Tip 밀가루와 달걀물은 팬에서 지지기 직전에 입힌다. (미리 입히면 옷이 벗겨지고 지진 색도 좋지 않다.)

재료 손질하기

모양 만들기

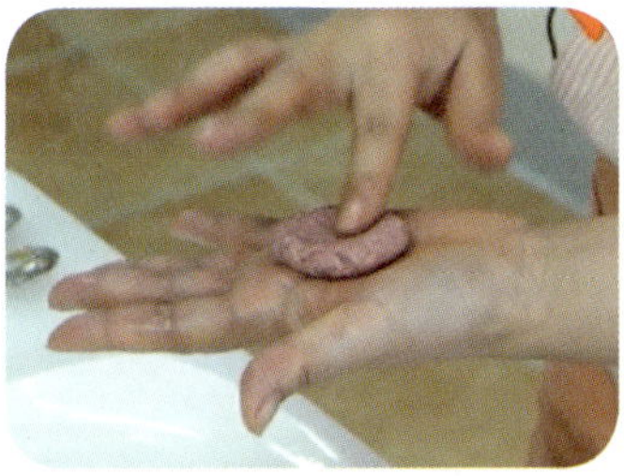

옷 입히기

재료 지지기

담기

완성

2. 재료 지지기

▸ 팬에 식용유를 두르고 약한 불로 육원전을 지진다.

Tip 처음에 기름을 살짝 두르고 앞, 뒷면을 지진 뒤 옆으로 굴려 가며 모양을 잡아 완자가 어느 정도 익으면 식용유를 넉넉하게 넣어 윤기를 내며 마저 익힌다. (처음부터 식용유를 많이 넣으면 완자의 표면이 거칠다.)

Tip 완자는 익으면서 가운데가 볼록해지므로 빚을 때 가운데를 살짝 눌러 주거나 익힐 때 수저로 가운데를 눌러 주기도 한다.

Tip 육원전을 팬에서 지질 때 온도를 약하게 해야 타지 않고 속까지 고루 익는다.

3. 담기

▸ 완성 그릇에 육원전을 담아낸다.

두부조림

시험시간 25분

동영상 수록

요구사항

1. 두부는 0.8×3×4.5㎝로 써시오.
2. 8쪽을 제출하고, 촉촉하게 보이도록 국물을 약간 끼얹어 내시오.
3. 실고추와 파채를 고명으로 얹으시오.

지급재료

	재료명	규격	단위	수량
1	두부		g	200
2	대파	흰 부분(4cm 정도)	토막	1
3	실고추	길이 10cm 1~2줄기	g	1
4	검은 후춧가루		g	1
5	참기름		mℓ	5
6	소금	정제염	g	5
7	마늘	중(깐 것)	쪽	1
8	식용유		mℓ	30
9	진간장		mℓ	15
10	깨소금		g	5
11	백설탕		g	5

조림 양념장

물 ¼컵, 간장 1Ts, 설탕 1ts, 다진 파 1ts, 다진 마늘 ½ts, 깨소금·참기름 약간씩

만드는 방법

재료 확인 – 재료 손질 – 재료 양념 – 재료 조리기 – 완성 그릇 담기

재료 손질하기

1. 재료 손질하기

- 파·마늘은 곱게 다지고 파 일부분은 2cm로 결대로 잘라 곱게 채 썰어 준다.
- 두부는 0.8×3×4.5cm로 썰어 소금을 뿌려 준다.
  Tip 두부에 소금을 뿌린 다음 지지면 덜 부서진다.
- 실고추는 2cm로 자른다.

2. 재료 지지기

- 두부의 물기를 제거한 후 팬에 기름을 두르고 두부를 노릇노릇하게 지져낸다.

Tip 두부를 약한 불에서 지지면 물이 생겨서 두부가 부서지기 쉽다.

Tip 두부를 노릇노릇하게 지져야 양념장을 넣고 조릴 때 색이 좋다.

Tip 두부를 색이 나기 전에 일찍 뒤집으면 다시 뒤집어도 노릇한 색이 나지 않는다.

Tip 너무 오래 지지면 딱딱해져서 좋지 않다.

Tip 두부를 지질 때는 기름의 양을 넉넉히 넣는다.

3. 재료 조리기

- 냄비에 두부를 넣어 **조림 양념장**을 ⅓ 정도 가장자리에 돌려 붓고 센 불에서 끓인다.
- 끓으면 양념장을 끼얹어 가며 중간 불 이하에서 조린다.

Tip 두부조림은 뚜껑을 덮어 조리면 타기 쉬우므로 뚜껑을 열고 국물을 끼얹어 가며 윤기 나게 조린다.

4. 담기

- 국물이 2~3Ts 정도 남았을 때 불을 끄고 완성 그릇에 두부를 담아 국물을 끼얹는다.

Tip 두부조림이 완성된 후 접시에 두부를 옮기는 사이에 두부가 국물을 흡수하므로 끼얹을 국물을 2Ts 정도 남기는 것이 좋다.

재료 지지기

양념장 만들기

재료 조리기

담기

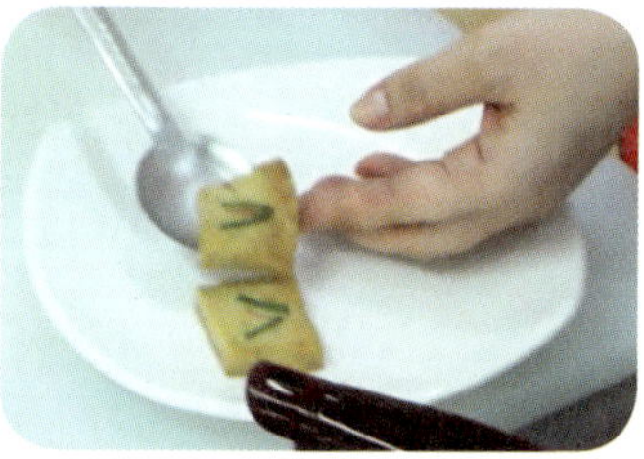

완성

홍합초

시험시간 20분

요구사항

1. 마늘과 생강은 편으로, 파는 2㎝로 써시오.
2. 홍합은 전량 사용하고, 촉촉하게 보이도록 국물을 끼얹어 제출하시오.
3. 잣가루를 고명으로 얹으시오.

지급재료

	재료명	규격	단위	수량
1	생홍합	굵고 싱싱한 것 (껍질 벗긴 것)	g	100
2	대파	흰 부분(4cm 정도)	토막	1
3	검은 후춧가루		g	2
4	참기름		mℓ	5
5	마늘	중(깐 것)	쪽	2
6	진간장		mℓ	40
7	생강		g	15
8	백설탕		g	10
9	잣	깐 것	개	5
10	A4용지		장	1

조림 양념장
간장 40mℓ, 백설탕 10g, 참기름 5mℓ, 후추 약간

만드는 방법

재료 확인 – 재료 손질 – 재료 양념 – 재료 조리기 – 완성 그릇 담기

재료 손질하기 ①

재료 손질하기 ②

양념장 만들기

재료 조리기

담기

완성

1. 재료 손질하기

- 홍합을 소금물에 흔들어 씻은 후 수염을 제거한다.

Tip 생홍합 손질하기: 소금물에 흔들어 씻기→수염제거→끓는 소금물에 데치기

Tip 홍합을 끓는 물에 오래 데치면 맛 성분이 빠져나가고 조릴 때 색이 제대로 나지 않는다.

- 대파는 2㎝로 토막 내고 마늘, 생강은 편으로 썬다.

2. 재료 조리기

- 냄비에 **조림 양념장**과 물 ½컵을 넣고 센 불로 끓이다가 마늘, 생강을 마저 넣고 중간 불에서 끓인다.

Tip 조림 양념장에 후추를 넣으면 지저분하게 보이므로 조금만 넣는다.

- 국물이 반 정도 졸아들면 홍합, 대파를 넣고 국물을 끼얹어 가며 윤기나게 조린다.

Tip 대파는 너무 물러지지 않도록 어느 정도 조린 후에 넣는 것이 좋다. 다만, 시험장에 대파가 아주 두꺼운 것이 나오면 통째로 처음부터 넣고 조려야 한다.

- 마지막에 참기름을 약간 넣고 센 불에서 윤기를 내며 조리다가 1Ts 정도 남았을 때 불을 끈다.

Tip 조림을 할 때는 뚜껑을 열고 국물을 끼얹어 가며 조려야 윤기나고 색깔이 좋게 조릴 수 있다.

3. 담기

- 완성 그릇에 담아 내고 국물을 촉촉하게 끼얹는다.

겨자채

시험시간 35분

동영상 수록

요구사항

1. 채소, 편육, 황·백지단, 배는 0.3×1×4㎝로 써시오.
2. 밤은 모양대로 납작하게 써시오.
3. 겨자는 발효시켜 매운맛이 나도록 하여 간을 맞춘 후 재료를 무쳐서 담고, 잣은 고명으로 올리시오.

지급재료

	재료명	규격	단위	수량
1	양배추	길이 5cm	g	50
2	오이	가늘고 곧은 것(20 cm 정도)	개	⅓
3	당근	길이 7cm 정도 (중, 곧은 것)	g	50
4	쇠고기	살코기, 길이 5cm	g	50
5	밤	중(생것), 껍질 깐 것	개	2
6	달걀		개	1
7	배	중(길이로 등분)	개	⅛
8	백설탕		g	20
9	잣	깐 것	개	5
10	소금	정제염	g	5
11	식초		mℓ	10
12	진간장		mℓ	5
13	겨잣가루		g	6
14	식용유		mℓ	10

겨자즙 만들기

겨잣가루 6g, 물 적당량, 식초 10mℓ, 설탕 1Ts, 소금·간장 약간씩

만드는 방법

재료 확인 – 재료 손질 – 재료 양념 – 재료 버무리기 – 완성 그릇 담기

1. 재료 손질하기

- 쇠고기 삶을 물을 올린다.
- 겨잣가루 ½Ts을 따뜻한 물에 개어 따뜻한 냄비 뚜껑에 엎어 발효시킨다.

Tip 겨잣가루를 40도의 따뜻한 물에 개어 냄비 뚜껑 위에 엎어 발효시켜야 매운맛이 빨리 난다.

Tip 겨자를 되직하게 개어야 엎어 두었을 때 흐르지 않는다.

Tip 발효시킨 겨자에 식초, 설탕을 넣어 새콤달콤한 맛을 내고 소금, 간장으로 간을 맞춘다.

- 배와 밤은 껍질을 벗겨 설탕물에 담가 둔다.

Tip 설탕물에 담가 두면 갈변을 방지할 수 있다.

- 물이 끓으면 소금을 넣고 쇠고기를 덩어리째 삶아 식힌다.

Tip 쇠고기는 끓는 소금물에 넣고 삶아 무거운 것으로 눌러 놓았다가 식혀서 썬다.

Tip 고기는 젓가락으로 찔렀을 때 핏물이 나오지 않으면 익은 것이다.

- 식은 쇠고기를 1×4×0.3㎝로 썬다.

Tip 쇠고기는 식은 후에 썰어야 부서지지 않는다.

- 양배추, 오이, 당근, 배를 1×4×0.3㎝로 일정하게 썰어 찬물에 담근다.

Tip 양배추 줄기 부분이 두꺼우면 저며서 사용한다.

Tip 오이는 껍질 부분이 살짝 보이게 자른다.

Tip 양배추, 오이, 당근, 배는 찬물에 담가서 싱싱하게 한다.

- 밤은 건져서 생긴 모양대로 납작하게 썰은 후 다시 설탕물에 담가 둔다.
- 달걀은 황·백으로 나누어 지단을 부치고, 식으면 1×4×0.3㎝로 채 썬다.
- 잣은 반을 갈라 비늘 잣을 만든다.

겨자즙 만들기

재료 손질하기 ①

재료 손질하기 ②

재료 버무리기

완성

2. 재료 버무리기

- 양배추, 오이, 당근, 밤, 배의 물기를 제거한다.
- 양배추, 오이, 당근, 밤, 배, 쇠고기, 황·백지단과 겨자즙을 섞어 버무린다.

Tip 채소를 버무리기 전에 물기를 완전히 제거해야 겨자즙이 잘 무쳐진다.

Tip 지단과 배는 버무릴 때 잘 부서지므로 편육와 다른 야채를 먼저 버무린 후 나중에 넣어 살짝 섞어 준다.

3. 담기

- 완성 그릇에 담고 고명으로 비늘 잣을 올린다.

도라지생채

시험시간
15분

요구사항

1. 도라지는 0.3×0.3×6㎝로 써시오.
2. 생채는 고추장과 고춧가루 양념으로 무쳐 제출하시오.

지급재료

	재료명	규격	단위	수량
1	통도라지	껍질 있는 것	개	3
2	소금	정제염	g	5
3	고추장		g	20
4	백설탕		g	10
5	식초		mℓ	15
6	대파	흰 부분(4cm 정도)	토막	1
7	마늘	중(깐 것)	쪽	1
8	깨소금		g	5
9	고춧가루		g	10

생채양념

고추장 20g, 식초 15g, 설탕 10g, 고춧가루 10g,
다진 파·다진 마늘 약간씩,
깨소금 약간씩

만드는 방법

재료 확인 – 재료 손질 – 재료 양념 – 재료 버무리기 – 완성 그릇 담기

1. 재료 손질하기

- 파·마늘은 곱게 다진다.
- 도라지는 깨끗이 씻어 껍질을 돌려 가며 껍질을 벗긴 다음 포를 떠서 0.3×0.3×6㎝로 썬다.

Tip 도라지는 칼로 일정하게 채 썰거나 칼로 일정하게 찢는 두 가지 방법이 있다.

- 채 썬 도라지는 소금물에 담근다.
- 고춧가루를 체에 내려 고운 것만 준비해 둔다.
- 절인 도라지는 물에 씻어 마른 헹주로 물기를 제거한다.

2. 재료 버무리기

- 도라지에 생채 양념을 넣어 버무린다.

3. 담기

- 완성 그릇에 소복이 담아낸다.

재료 손질하기

양념장 만들기

재료 버무리기

담기

완성

무생채

시험시간 15분

동영상 수록

요구사항

1. 무는 0.2×0.2×6㎝ 정도 크기로 썰어 사용하시오.
2. 생채는 고춧가루를 사용하시오.
3. 무생채는 70g 이상 제출하시오.

지급재료

	재료명	규격	단위	수량
1	무	길이 7㎝ 정도	g	100
2	소금	정제염	g	5
3	고춧가루		g	10
4	백설탕		g	10
5	식초		㎖	5
6	대파	흰 부분(4㎝ 정도)	토막	1
7	마늘	중(깐 것)	쪽	1
8	깨소금		g	5
9	생강		g	5

양념장
고춧가루·백설탕 10g,
깨소금·생강·소금 각각 5g,
다진 파·다진 마늘 약간씩

만드는 방법

재료 확인 – 재료 손질 – 재료 양념 – 재료 버무리기 – 완성 그릇 담기

재료 손질하기

재료 버무리기

담기

완성

1. 재료 손질하기

- 파·마늘·생강을 곱게 다진다.
- 무는 0.2×0.2×6㎝가 되도록 길이 방향으로 썬다.
  Tip 완성 시 70g 이상이 되도록 해야 한다.
- 고춧가루를 체에 내려 고운 상태로 만든다.

2. 재료 버무리기

- 체에 내린 고춧가루를 무에 넣어 살살 버무려 붉은색이 배도록 한다.
- 양념장을 넣어 살살 버무린다.
  Tip 먼저 고춧가루로 물을 들인 후 내기 직전 양념장으로 살살 무친다.
  Tip 나무젓가락이나 손끝을 사용해 살살 무친다.

3. 담기

- 마지막에 식초를 넣고 버무려 그릇에 소복하게 담는다.

더덕생채

시험시간 20분

요구사항

1. 더덕은 5㎝로 썰어 두들겨 편 후 찢어서 쓴맛을 제거하여 사용하시오.
2. 고춧가루로 양념하고, 전량 제출하시오.

지급재료

	재료명	규격	단위	수량
1	통더덕	껍질 있는 것, 길이 10~15cm 정도	개	2
2	마늘	중(깐 것)	쪽	1
3	백설탕		g	5
4	식초		mℓ	5
5	대파	흰 부분(4cm 정도)	토막	1
6	소금	정제염	g	5
7	깨소금		g	5
8	고춧가루		g	20

양념장
고춧가루 20g, 백설탕 5g, 식초 5g, 소금 5g, 깨소금 5g, 다진 파·마늘 약간씩

만드는 방법

재료 확인 – 재료 손질 – 재료 양념 – 재료 버무리기 – 완성 그릇 담기

1. 재료 손질하기

- 파·마늘은 곱게 다진다.
- 더덕은 깨끗이 씻어 껍질을 돌려 가며 벗긴다.
- 손질한 더덕은 방망이로 펴서 찢고, 소금물에 담가 쓴맛을 우려낸다.

Tip 더덕을 편으로 나눴을 때 뻣뻣한 심이 있으면 제거한다.

Tip 더덕을 소금물에 담가 두는 것은 쓴맛을 제거하고 부드럽게 만들기 위해서이다.

Tip 더덕은 반드시 물기를 제거한 후 두들겨야 부서지지 않는다.

Tip 더덕을 넓게 펴기 위해서는 잘근잘근 두들기는 방법과 방망이로 미는 방법이 있다. 이때 더덕을 면보로 싸면 덜 부서진다.

- 고춧가루를 체에 내려 고운 것만 준비한다.
- 절인 더덕은 수분을 제거한다.

2. 재료 버무리기

- 더덕을 양념장에 버무린다.

3. 담기

- 완성 그릇에 물기 없이 담아낸다.

재료 손질하기 ①

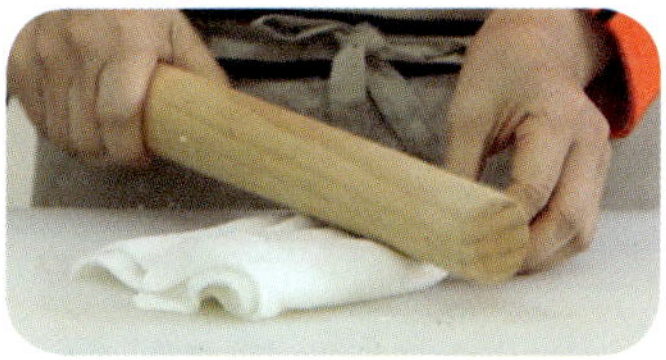

재료 손질하기 ②

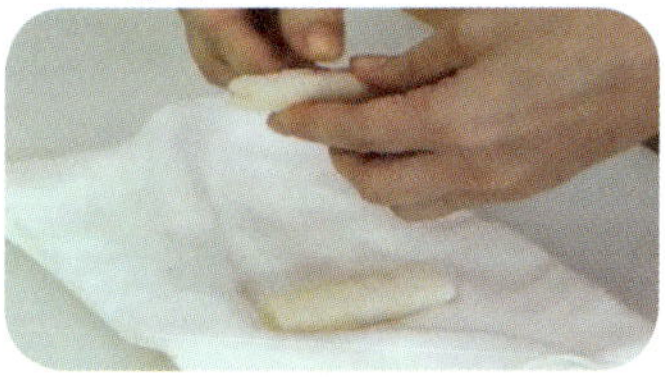

양념장 만들기

재료 버무리기

담기

완성

화전

시험시간 20분

요구사항

1. 화전의 직경은 5㎝, 두께는 0.4㎝로 만드시오.
2. 시럽을 사용하고 화전 5개를 제출하시오.

지급재료

	재료명	규격	단위	수량
1	젖은 찹쌀가루	방앗간에서 빻은 것	g	100
2	대추	중(마른 것)	개	1
3	식용유		mℓ	10
4	소금	정제염	g	5
5	백설탕		g	40
6	쑥갓		g	10

시럽

물·설탕 동량

만드는 방법

재료 확인 –재료 손질–시럽 만들기–재료 지지기–완성 그릇 담기

반죽하기

재료 빚기

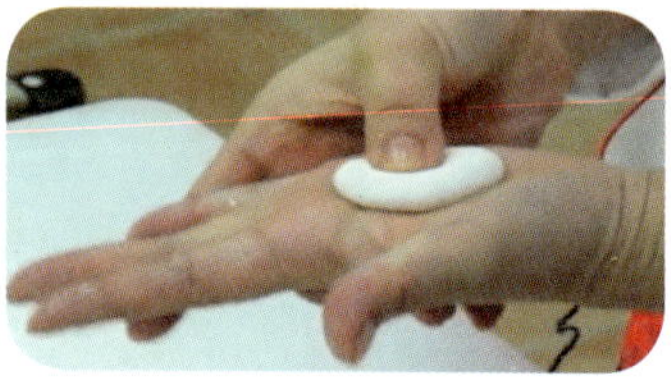

시럽 만들기

재료 지지기 ①

재료 지지기 ②

완성

1. 재료 빚기

- 냄비에 물을 올린다.
- 찹쌀가루를 뜨거운 물에 익반죽하여 비닐에 싸서 숙성시킨다.

Tip 찹쌀가루는 뜨거운 물을 넣고 끈기 있게 치대서 익반죽한다.

Tip 찹쌀가루는 질어질 경우를 대비해 조금 남겨 놓는다. 처음에 수저로 대충 혼합한 후 손으로 뭉쳐 가며 반죽한다.

- 숙성시킨 찹쌀가루는 직경 5㎝, 두께 0.4㎝로 둥글납작하게 빚는다.

Tip 물은 조금씩 넣어 가면서 반죽한다. 반죽이 질 경우 손에 식용유를 바르고 만진다. 익반죽한 것을 둥글납작하게 모양낼 때 가장자리가 갈라지지 않도록 한다. (되거나 너무 덜 치대거나 오래 치대면 끈기가 적어 가장자리가 갈라지기 쉽다.)

- 쑥갓은 속잎만 골라 짧게 잎을 떼어 놓는다.
- 대추씨는 발라내고 돌돌 말아 얇게 잘라 놓는다.

2. 시럽 만들기

- 냄비에 물과 설탕을 동량으로 넣어 젓지 말고 중간 불에서 서서히 끓여 반 정도 될 때까지 졸여 시럽을 만든다.

Tip 매작과 시럽보다는 약간 묽게 만든다.

Tip 만들어 놓은 시럽이 굳어 있으면 화전에 끼얹기 전에 살짝 데운다.

3. 재료 지지기

- 팬에 식용유를 넉넉히 두르고 약한 불에서 찹쌀반죽을 지지다가 한 면이 익으면 뒤집어서 대추와 쑥갓을 붙여 지진다.

Tip 다시 뒤집지 않는다.

Tip 식용유의 양이 너무 많으면 떡이 부풀어서 튀겨지므로 주의한다.

Tip 불이 세면 떡이 부풀거나 색이 누렇게 변하므로 약한 불에서 지진다. 떡이 투명해지면 다 익은 것이다.

4. 담기

- 접시에 화전을 놓고 그 위에 시럽을 끼얹는다.

탕평채

시험시간
35분

요구사항

1. 청포묵은 0.4×0.4×6㎝로 썰어 데쳐서 사용하시오.
2. 모든 부재료의 길이는 4~5㎝로 써시오.
3. 쇠고기, 미나리, 거두절미한 숙주는 각각 조리하여 청포묵과 함께 초간장으로 무쳐 담아내시오.
4. 황·백지단은 4㎝ 길이로 채 썰고, 김은 구워서 부순 후 고명으로 얹으시오.

지급재료

	재료명	규격	단위	수량
1	청포묵	중(길이 6㎝)	g	150
2	쇠고기	살코기(길이 5㎝)	g	20
3	숙주	생것	g	20
4	미나리	줄기 부분	g	10
5	달걀		개	1
6	김		장	¼
7	진간장		mℓ	20
8	마늘	중(깐 것)	쪽	2
9	대파	흰 부분(4㎝ 정도)	토막	1
10	검은 후춧가루		g	1
11	참기름		mℓ	5
12	백설탕		g	5
13	깨소금		g	5
14	식초		mℓ	5
15	소금	정제염	g	5
16	식용유		mℓ	10

고기양념장

간장 1ts, 설탕 ½ts,
다진 파·다진 마늘 약간씩
후추·깨·참기름 약간씩

초간장

간장 1Ts, 식초 ½Ts, 설탕 ½Ts

만드는 방법

재료 확인 – 재료 손질 – 재료 양념 – 재료 볶기 – 완성 그릇 담기

1. 재료 손질하기

- 물을 올리고 소금을 넣는다.
- 파·마늘은 곱게 다진다.
- 청포묵은 칼에 물을 묻혀 0.4×0.4×6㎝로 채 썰어 끓는 물에 투명하게 살짝 데친 다음 찬물로 헹궈 물기를 제거한 후 간장, 참기름으로 버무린다.

Tip 청포는 끓는 물에서 투명해지면 바로 건져서 그대로 사용한다.

Tip 청포를 썰 때 칼에 물을 묻히면 달라붙지 않는다.

- 미나리는 줄기와 잎을 떼어 내고, 끓는 물에 데쳐 찬물에 헹군 다음 4~5㎝로 썬다.
- 숙주는 거두절미하고 끓는 물에 데친 다음 소금, 참기름으로 버무린다.

Tip 데칠 때 끓는 물에 소금을 넣어 청포묵→미나리→숙주 순으로 데친다.

- 쇠고기는 핏물을 제거하고 4~5㎝로 채 썰고 양념한다.
- 달걀은 황·백으로 나누어 지단을 부치고 채 썬다.
- 김은 구워서 채를 썬다.

Tip 김은 가위로 6cm로 썰어 사용하고 지단 밑에 놓아 날리지 않도록 한다.

2. 재료 볶기

- 팬에 식용유를 약간 두르고 쇠고기를 볶아 낸다.

3. 담기

- 청포묵, 쇠고기, 숙주, 미나리를 초간장과 함께 버무려 완성 그릇에 담는다.
- 탕평채 위에 김과 황·백지단을 고명으로 얹는다.

Tip 미리 버무리면 미나리 색이 변하고 물이 생기므로 제출 직전에 버무린다.

재료 손질하기

재료 볶기

재료 버무리기

담기

완성

잡채

시험시간
35분

요구사항

1. 쇠고기, 양파, 오이, 당근, 도라지, 표고버섯은 0.3×0.3×6㎝ 정도로 썰어 사용하시오.
2. 숙주는 데치고 목이버섯은 찢어서 사용하시오.
3. 당면은 삶아서 유장 처리하여 볶으시오.
4. 황·백지단은 0.2×0.2×4㎝로 썰어 고명으로 얹으시오.

지급재료

	재료명	규격	단위	수량
1	당면		g	20
2	쇠고기	살코기	g	30
3	건표고버섯	지름 5cm 정도, 물에 불린 것	개	1
4	건목이버섯	지름 5cm 정도, 물에 불린 것	개	2
5	양파	중(150g 정도),	개	⅓
6	오이	가늘고 곧은 것 (20cm 정도)	개	⅓
7	당근	길이 7cm 정도 (곧은 것)	g	50
8	통도라지	껍질 있는 것, 길이 20cm 정도	개	1
9	숙주	생것	g	20
10	백설탕		g	10
11	대파	흰 부분(4cm 정도)	토막	1
12	마늘	중(깐 것)	쪽	2
13	진간장		mℓ	20
14	식용유		mℓ	50
15	깨소금		g	5
16	검은 후춧가루		g	1
17	참기름		mℓ	5
18	소금	정제염	g	15
19	달걀		개	1

만드는 방법

재료 확인 – 재료 손질 – 재료 양념 – 재료 볶기 – 재료 버무리기 – 완성 그릇 담기

재료 손질하기 ①

재료 손질하기 ②

재료 손질하기 ③

1. 재료 손질하기

- 물을 올린다.
- 표고와 목이는 따뜻한 설탕물에 불린다.
- 파·마늘은 곱게 다진다.
- 도라지는 0.3×0.3×6㎝로 채 썰어 소금물에 담가 두었다가 물기를 제거한다.

  Tip 소금물에 담가 두는 것은 쓴맛을 우려내기 위해서이다.
- 오이는 돌려 깎기 하여 0.3×0.3×6㎝로 채 썬 후 소금에 살짝 절인 후 물기를 제거한다.

  Tip 소금에 비벼 씻는다.
- 숙주는 거두절미하고 끓는 물에 데쳐 소금, 참기름으로 간한다.
- 당면은 끓는 물에 삶아 물에 헹구어 물기를 뺀다.

  Tip 미지근한 물에 담가 놓았다가 삶으면 빨리 삶아진다.

  Tip 당면은 기름과 소금을 넣고 삶으면 좋다.

  Tip 당면은 일반 국수보다 익는 시간이 더 걸리는데 당면 한 가닥을 찬 물에 담가 보았을 때 투명하면 익은 것이다.
- 데친 당면은 먹기 좋은 크기로 1~2번 자른 후 간장, 설탕, 참기름으로 버무린다.
- 달걀은 황·백으로 나누어 지단을 부치고, 식으면 0.2×0.2×4㎝로 채 썬다.
- 당근, 양파도 0.3×0.3×6㎝로 채 썬다.
- 쇠고기는 핏물을 제거하고 0.3×0.3×6㎝로 채 썬다.

- 표고도 물기를 제거하고 0.3×0.3×6㎝로 채 썬다.

Tip 따뜻한 설탕물에 불려 물기를 제거한 후 기둥을 떼고 포를 뜬 다음 채 썬다.

- 목이는 손으로 찢는다.

Tip 따뜻한 물에 불린 다음 뿌리를 떼어 낸다.

2. 재료 볶기

- 팬에 식용유를 두르고 도라지→양파→오이→당근→목이→표고→쇠고기 순으로 볶아 낸다.

Tip 채 썬 채소들은 재빨리 볶아 펼쳐 놓고 식혀야 색이 좋고 물도 생기지 않는다.

- 팬을 물로 깨끗이 닦아내고 기름을 두른 후 당면을 볶아 낸다.

Tip 삶은 후에 간장, 설탕, 참기름으로 양념하여 볶으면 불지 않고 팬에 달라붙지 않아 좋다.

3. 재료 버무리기

- 볶은 당면과 채소를 섞고 간장, 설탕, 참기름을 넣어 버무린다.

Tip 마지막에 채소와 당면을 버무릴 때 간장, 설탕, 참기름으로 훗간을 하는데 이때 간장색이 너무 지나쳐 잡채가 어두워 보일 수 있으므로 소금으로 간을 조절할 수도 있다.

Tip 잡채는 주어진 모든 채소를 일정하게 채 써는 것이 중요하다.

4. 담기

- 접시에 잡채를 담고 고명으로 지단을 얹는다.

재료 볶기

재료 버무리기

완성

육회

시험시간 20분

요구사항

1. 쇠고기는 0.3×0.3×6㎝로 썰어 소금 양념으로 하시오.
2. 마늘은 편으로 썰어 장식하고 잣가루를 고명으로 얹으시오.
3. 70g 이상의 완성된 육회를 제출하시오.

지급재료

	재료명	규격	단위	수량
1	쇠고기	살코기	g	90
2	배	중(100g 정도)	개	¼
3	잣	깐 것	개	5
4	소금	정제염	g	5
5	마늘	중(깐 것)	쪽	3
6	대파	흰 부분(4㎝ 정도)	토막	2
7	검은 후춧가루		g	2
8	참기름		㎖	10
9	백설탕		g	30
10	깨소금		g	5
11	A4용지		장	1

양념장
다진 파1ts, 다진 마늘 ½ts,
설탕·소금·후추·깨소금·참기름 약간씩

만드는 방법

재료 확인 – 재료 손질 – 재료 양념 – 완성 그릇 담기

재료 손질하기 ①

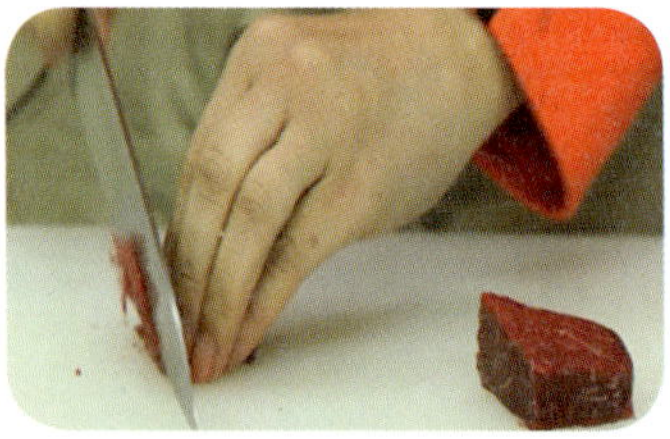

재료 손질하기 ②

재료 양념하기

담기

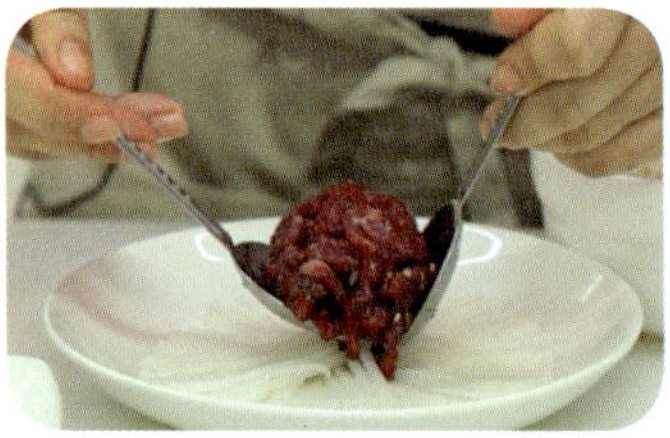

완성

1. 재료 손질하기

- 마늘은 편으로 썰고 남은 자투리는 다진다.
- 파도 다진다.
- 쇠고기는 핏물을 제거한 후 기름기와 힘줄을 떼어 내고 결대로 채 썰어 양념한다.

Tip 육회용 고기는 부드럽고 기름기가 없는 우둔살이나 홍두께살이 적당하다.

Tip 핏물이 많을 때는 핏물을 잘 제거해야 배에 핏물이 스며드는 것을 방지할 수 있다.

Tip 생으로 먹기 때문에 소화되기 쉽게 하기 위해 결반대로 썬다.

Tip 육회에 들어가는 양념은 설탕과 참기름이 많이 들어간다. (연육작용)

Tip 육회의 간을 간장으로 하면 색이 어두워질 수 있으므로 소금을 사용한다.

Tip 날것으로 먹는 음식이므로 조리과정 중 위생에 유의한다.

- 잣은 고깔을 떼어 내고 종이를 깔아 다진다.
- 배는 껍질을 벗긴 후 일정하게 채 썰어 면보에 수분을 제거한 후 접시에 보기좋게 배열한다.

Tip 배는 갈변하기 쉬우므로 미리 껍질을 벗기지 말고 채 썰기 직전에 벗긴다.

2. 담기

- 배의 중앙에 마늘편을 돌려 담고 육회를 중앙에 놓는다.
- 육회 가운데 고명으로 잣가루를 뿌린다.

미나리강회

시험시간 35분

동영상 수록

요구사항

1. 강회의 폭은 1.5㎝, 길이는 5㎝ 정도로 하시오.
2. 홍고추의 폭은 0.5㎝, 길이는 4㎝ 정도로 하시오.
3. 강회는 8개 만들어 초고추장과 함께 제출하시오.

지급재료

	재료명	규격	단위	수량
1	쇠고기	살코기(길이 7㎝)	g	80
2	미나리	줄기 부분	g	30
3	홍고추	생것	개	1
4	달걀		개	2
5	고추장		g	15
6	식초		mℓ	5
7	백설탕		g	5
8	소금	정제염	g	5
9	식용유		mℓ	10

초고추장
고추장 1Ts, 식초 1ts, 설탕 1ts

만드는 방법

재료 확인 – 재료 손질 – 재료 볶기 – 미나리강회 만들기 – 완성 그릇 담기

1. 재료 손질하기

- 물을 올리고 소금을 넣는다.
- 미나리는 뿌리와 잎을 제거하고 끓는 물에 데쳐 찬물에 헹군 다음 일정한 두께로 손질한다.

Tip 미나리는 되도록 굵기가 같은 것으로 준비하여 끓는 소금물에 부드럽게 데쳐서 찬물에 헹구어 물기를 꼭 짠다.

Tip 미나리강회는 8개를 제출하여야 되는데 미나리가 굵거나 미나리의 개수가 부족할 때는 일정한 굵기로 등분하여 사용한다.

- 쇠고기는 미나리 데친 물에 삶아 식히고 1×4×0.3㎝로 썬다.

Tip 편육고기는 젓가락으로 찔러보았을 때 핏물이 나오지 않으면 익은 것이다.

- 달걀은 황·백으로 나누어 소금을 넣어 풀은 다음 0.3㎝ 두께로 지단을 부치고, 식으면 1×4×0.3㎝로 채 썬다.
- 홍고추는 물기를 제거하고 길이 3㎝, 폭 0.3㎝로 썬다.

Tip 홍고추의 안쪽 살이 두꺼울 때는 저며 주어야 보기 좋다.

2. 미나리강회 만들기

- 편육→백지단→황지단→홍고추 순으로 올린 후 미나리로 감는다.

Tip 미나리로 감을 때는 되도록 겹치지 말고 같은 두께로 통일감 있게 감는다.

Tip 포갠 편육, 지단, 홍고추를 감을 때는 시작과 끝을 편육의 아래쪽에서 한다. (뾰족한 꼬치를 이용하면 편하다.)

3. 담기

- 완성 그릇에 요구사항대로 8개를 담고 **초고추장**을 곁들인다.

재료 손질하기 ①

재료 손질하기②

미나리강회 만들기

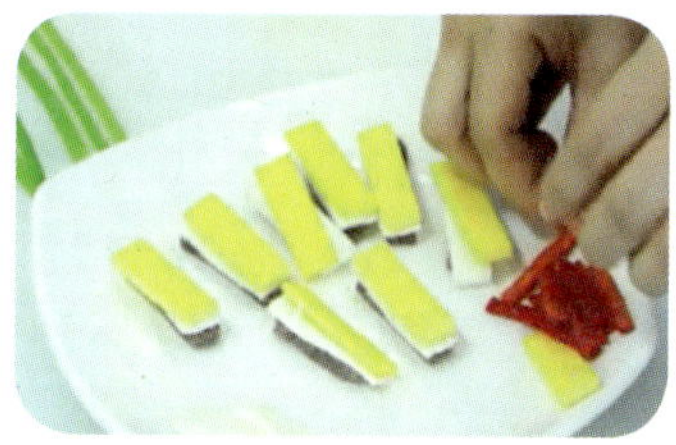

담기

완성

칠절판

시험시간 40분

요구사항

1. 밀전병은 직경 8㎝ 되도록 6개를 만드시오.
2. 채소와 황·백지단, 쇠고기는 0.2×0.2×5㎝로 써시오.
3. 석이버섯은 곱게 채를 써시오.

지급재료

	재료명	규격	단위	수량
1	쇠고기	살코기	g	50
2	오이	가늘고 곧은 것 (20㎝ 정도)	개	½
3	당근	길이 7㎝ 정도 (중, 곧은 것)	g	50
4	달걀		개	1
5	석이버섯	부서지지 않은 것 (마른 것)	g	5
6	밀가루	중력분	g	50
7	진간장		㎖	20
8	마늘	중(깐 것)	쪽	2
9	대파	흰 부분(4㎝ 정도)	토막	1
10	검은 후춧가루		g	1
11	참기름		㎖	10
12	백설탕		g	10
13	깨소금		g	5
14	식용유		㎖	30
15	소금	정제염	g	10

양념장

간장 20㎖, 설탕 10g,
다진 파·다진 마늘 약간씩,
후추·깨소금·참기름 약간씩

만드는 방법

재료 확인 – 재료 손질 – 재료 양념 – 재료 볶기 – 완성 그릇 담기

재료 손질하기 ①

재료 손질하기 ②

1. 재료 손질하기

- 물을 올린다.
- 석이를 따뜻한 물에 불린다.
- 파·마늘은 곱게 다진다.
- 오이는 돌려 깎기 하여 0.2×0.2×5㎝로 채 썰어 소금에 절인 후 물기를 제거한다.
- 당근은 0.2×0.2×5㎝로 채 썰어 소금 간하고 물기를 제거한다.
- 쇠고기는 핏물을 제거하고 0.2×0.2×5㎝로 채 썬다.
- 불린 석이는 비벼 씻어 물기를 제거한 후 돌돌 말아 곱게 채 썰어 소금, 참기름에 버무린다.

  Tip 석이버섯은 뜨거운 물에 불려서 손바닥으로 비벼 가며 이끼를 없애고 뿌리를 제거한 후 말아서 곱게 채 썬다.
- 밀전병은 밀가루 5Ts, 물 5~6Ts, 소금 약간을 넣어 반죽한 다음 체에 내린다.
- 달걀은 황·백으로 나누어 지단을 부치고, 식으면 0.2×0.2×5㎝로 채 썬다.

  Tip 모든 재료는 곱게 채 썰어야 그릇에 부드러운 모양으로 소복이 담을 수 있다.

2. 재료 볶기

▸ 밀전병은 얇고 직경이 6㎝ 되도록 부친다.

Tip 밀전병 반죽을 ½Ts 정도 떠서 팬에 흘린 후 수저의 둥근 밑면을 사용해 시계방향으로 돌려 직경 6cm로 만든다.

Tip 밀전병은 기름을 적게 하여 약한 불에서 지진다.

Tip 밀전병을 부친 후 바로 겹치지 말고 기름을 바른 접시에 펼쳐 김이 나간 후에 쌓아야 서로 덜 달라붙는다.

▸ 팬에 식용유를 두르고 오이→당근→석이→쇠고기 순으로 센 불에서 빨리 볶아 펼쳐 식힌다.

Tip 후라이팬 사용 시 깨끗한 재료부터 사용한다.

3. 담기

▸ 완성 그릇에 밀전병을 가운데 놓고 나머지 재료들을 돌려가며 담는다.

Tip 그릇에 담을 때 각 재료의 양이 같아야 보기 좋다.

Tip 재료를 그릇에 담을 때는 서로 비슷한 색끼리 나란히 놓지 않는다.

Tip 밀전병에 각 재료를 싸서 초간장이나 겨자소스를 얹거나 찍어 먹는다.

재료 볶기

완성

매작과

시험시간 30분

동영상 수록

요구사항

1. 매작과는 크기가 균일하게 2×5×0.3㎝ 정도로 만드시오.
2. 매작과 모양은 중앙에 세 군데 칼집을 넣어 모양을 내시오.
3. 시럽을 사용하고 잣가루를 뿌려 10개를 제출하시오.

지급재료

	재료명	규격	단위	수량
1	밀가루	중력분	g	50
2	소금	정제염	g	5
3	식용유		mℓ	300
4	백설탕		g	40
5	생강		g	10
6	잣	깐 것	개	5
7	A4용지		장	1

시럽
물과 설탕 동량

만드는 방법

재료 확인 – 재료 손질 – 시럽 만들기 – 재료 튀기기 – 완성 그릇 담기

1. 재료 손질하기

- 생강은 다져 약간의 물을 섞어 즙을 만든다.

Tip 생강이 넉넉할 때는 강판에 갈아 즙을 내고 소량일 때는 생강 다진 것에 약간의 물을 넣어 우려서 사용한다.

Tip 생강즙은 반죽에 넣기도 하지만 시럽을 만들 때 넣어 주는 방법도 있다.

- 밀가루를 체에 내려 소금과 생강즙을 넣어 반죽한 후 비닐에 싸서 숙성시킨다.

Tip 밀가루를 체에 내려 덩어리진 것을 풀어 주고 반죽할 때 질 경우를 대비해서 날가루를 약간 남겨놓고 반죽한다. (반죽이 질면 모양이 늘어지고 벌어진다.)

- 잣은 종이를 깔고 곱게 다진다.

반죽하기

재료 손질하기

시럽 만들기

재료 튀기기

담기

완성

- 반죽한 밀가루를 0.2㎝ 두께로 얇게 밀어 세로 6㎝, 가로 2㎝로 자른다.

Tip 반죽할 때 식용유를 약간 넣어 주면 밀대로 밀 때 덜 달라붙고 튀겨 놓았을 때 바삭하다. (반죽을 밀대로 밀 때 밀가루를 많이 뿌리면 기름이 지저분해지고 튀겨 놓았을 때 덜 바삭하다.)

- 성형한 밀가루 반죽에 내천(川)자처럼 세군데 칼집을 넣어 가운데로 한번만 뒤집는다.

2. 시럽 만들기

- 냄비에 물과 설탕을 동량으로 넣어 젓지 말고 중간 불에서 서서히 끓여 반 정도 될 때까지 졸여 시럽을 만든다.

Tip 중간에 젓게 되면 다시 설탕으로 되돌아가고, 센 불에서 끓여도 다시 설탕으로 되돌아가기 쉽다.

Tip 시럽을 물이 든 컵에 한 방울 떨어뜨렸을 때 중간에 퍼지지 않고 바닥에 가라앉으면 완성된 것이다.

3. 재료 튀기기

- 기름을 150℃로 준비해서 성형한 반죽을 넣어 노릇노릇하게 튀겨 낸다.

4. 담기

- 튀겨낸 것을 시럽에 담갔다 꺼내어 완성 그릇에 담는다.
- 완성된 매작과 위에 고명으로 잣가루를 뿌린다.

북어보푸라기

시험시간 20분

동영상 수록

요구사항

1. 북어보푸라기는 소금, 간장, 고춧가루로 양념하시오. (단, 고추기름은 사용하지 마시오.)
2. 북어보푸라기는 삼색의 구분이 뚜렷하게 하시오.

지급재료

	재료명	규격	단위	수량
1	북어포	반을 갈라 말린 껍질이 있는 것 (40g)	마리	1
2	소금	정제염	g	5
3	진간장		㎖	5
4	백설탕		g	10
5	참기름		㎖	15
6	깨소금		g	5
7	고춧가루	고운 것	g	10

양념장
설탕·참기름·깨소금 약간

만드는 방법

재료 확인 – 재료 손질 – 완성 그릇 담기

1. 재료 손질하기

- 북어는 뼈와 가시를 발라내고 강판에 갈아 보푸라기를 만든다.

Tip 북어포는 물이 묻지 않게 보관한다.

- 고춧가루를 체에 내려 곱게 준비한다.

2. 재료 양념하기

- 보푸라기를 셋으로 나누어 흰색은 소금으로, 갈색은 간장으로, 붉은색은 소금으로 간하고 고춧가루로 버무려 색을 낸다.

Tip 소금, 설탕을 넣었을 때 잘 비벼서 녹인다.

Tip 고춧가루를 넣고 붉은색을 만들 때 많이 비벼 주어야 색이 고르게 잘 섞인다.

Tip 간장색의 보푸라기 만들 때는 질척해지지 않도록 주의하고 부피가 줄어들므로 양을 조금 더 남겨 둔다.

3. 담기

- 완성 그릇에 보기좋게 담는다.

재료 손질하기

재료 양념하기

완성

오징어볶음

시험시간 30분

요구사항

1. 오징어는 0.3㎝ 폭으로 어슷하게 칼집을 넣고, 크기는 4×1.5㎝ 정도로 써시오. (단, 오징어 다리는 4㎝ 길이로 자른다.)
2. 고추와 파는 어슷썰기하고, 양파는 폭 1㎝로 써시오.

지급재료

	재료명	규격	단위	수량
1	물오징어	250g 정도	마리	1
2	소금	정제염	g	5
3	진간장		mℓ	10
4	백설탕		g	20
5	참기름		mℓ	10
6	깨소금		g	5
7	풋고추	길이 5cm 이상	개	1
8	홍고추	생것	개	1
9	양파		g	50
10	마늘	중(깐 것)	쪽	2
11	대파	흰 부분(4cm 정도)	토막	1
12	생강		g	5
13	고춧가루		g	15
14	고추장		g	50
15	검은 후춧가루		g	2
16	식용유		mℓ	30

고추장 양념장

고춧가루 15g, 고추장 50g, 참기름 10g,
설탕 20g, 간장 10mℓ,
다진 마늘·다진 생강 약간씩,
후추·깨소금 약간씩

만드는 방법

재료 확인 – 재료 손질 – 재료 양념 – 재료 볶기 – 완성 그릇 담기

재료 손질하기 ①

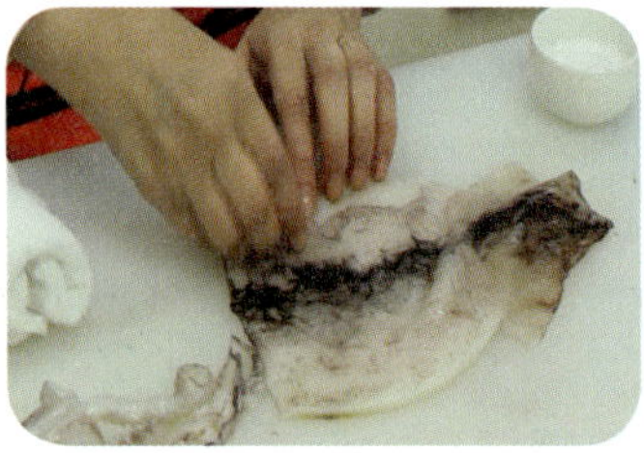

재료 손질하기 ②

오징어 어슷썰기하기

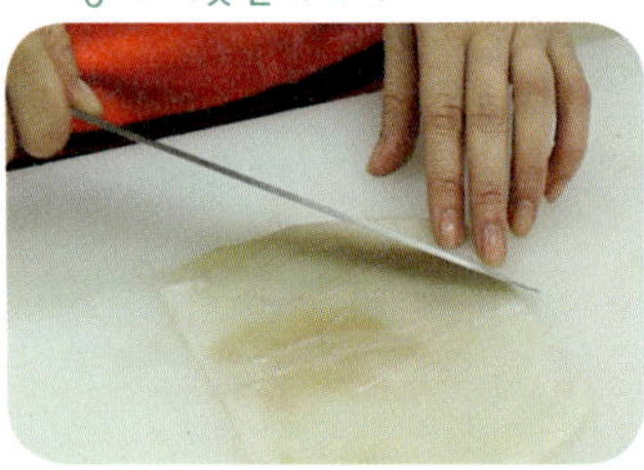

1. 재료 손질하기

- 생강·마늘은 곱게 다진다.
- 오징어는 내장을 제거하고, 소금을 손에 묻혀 껍질을 벗긴다.

Tip [오징어 손질하기]

→ 다리를 손으로 훑으면 붙은 거친 것들이 떨어져 나온다.
→ 다리부분은 눈 있는 곳까지 잘라서 버린다. (데치면 지저분해짐)
→ 등뼈와 내장을 손으로 분리하여 내장이 터지지 않도록 다리를 잡아당긴다.
→ 다리에 붙은 내장을 잘라 내고 눈을 뺀다.

Tip [오징어 껍질 벗기기]

→ 소금을 손에 묻혀 껍질을 잡아 벗기거나 마른 행주를 오징어 껍질에 문질러 벗긴다.

- 오징어 안쪽에 가로, 세로로 0.3㎝의 칼집을 어슷하게 넣는다.

Tip [오징어에 칼집 넣기]

→ 칼집을 넣을 때 안쪽(내장이 있는 부분)에 넣는다.
→ 칼집을 낼 때 칼을 뉘어서 ⅔ 정도 깊이로 넣어야 볶을 때 솔방울 모양이 잘 나고 양념도 잘 배며 오징어를 부드럽게 먹을 수 있다.
→ 오징어 몸통의 칼집은 일정 간격과 일정 깊이로 넣어야 오징어가 익었을 때 모양이 좋다. (만약 칼집이 깊이가 한쪽으로만 깊게 들어가게 되면 오징어가 익으면서 뒤틀린다.)
→ 오징어 다리 부분은 질기고 익었을 때 몸통보다 잘 줄어들므로 잔 칼집을 넣어야 부드러워지고 덜 오그라든다.

- 손질한 오징어를 가로 5㎝, 세로 2㎝로 자른다.

Tip 익으면서 오징어의 크기가 작아지므로 약간 크게 썬다.

- 양파는 0.5㎝ 두께로 썬다.
- 풋고추와 홍고추는 0.5㎝ 두께로 어슷하게 썬다.

Tip 물에 담아 씨를 제거한다.

- 대파는 어슷하게 썬다.

2. 재료 볶기

- 팬에 식용유를 두르고 센 불에서 양파→오징어 순으로 볶다가 불에서 내려 고추장 양념장을 넣어 골고루 버무린다.
- 불에 올려 풋고추와 홍고추, 대파를 넣고 중간 불 이하로 볶은 후 불을 끄고 참기름을 약간 둘러 마무리한다.

3. 담기

- 완성 그릇에 오징어볶음을 담는다.

양념장 만들기

재료 볶기

완성

배숙

시험시간 30분

동영상 수록

요구사항

1. 배의 모양과 크기는 일정하게 3쪽 이상을 만들고 등 쪽에 통후추를 박으시오. (단, 지급된 배의 크기에 따라 완성품을 만든다.)
2. 국물은 생강과 설탕의 맛이 나도록 하고, 양은 200*ml* 정도 제출하시오.
3. 배가 국물에 떠 있는 농도로 하시오.

지급재료

	재료명	규격	단위	수량
1	배	중(150g 정도)	개	¼
2	통후추		개	15
3	생강		g	30
4	황설탕		g	30
5	잣	깐 것	개	3
6	백설탕		g	20

만드는 방법

재료 확인 – 재료 손질 – 재료 끓이기 – 완성 그릇 담기

1. 재료 손질하기

- 생강을 얇게 저며 준다.
- 배는 껍질과 씨를 제거하여 모서리의 각진 부분을 다듬은 다음, 등 쪽에 통후추가 빠지지 않도록 박고 설탕물에 담가 둔다.

  Tip 통후추는 깊이 박지 않으면 끓이는 도중 빠지기 쉽다.
- 잣은 고깔을 뗀다.

재료 손질하기 ①

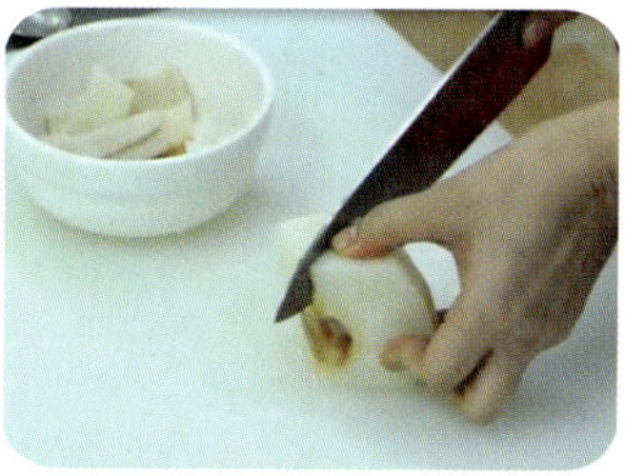

재료 손질하기 ②

재료 끓이기

담기

완성

2. 재료 끓이기

- 냄비에 물을 붓고 얇게 저민 생강을 넣어 끓인다.
- 생강 물에 백설탕 3Ts과 황설탕 1Ts을 넣어 색과 당도를 맞춘다.

Tip 백설탕과 황설탕의 비율은 3:1로 한다.

- 배를 넣고 뭉근하게 끓인다.

Tip 배를 익힐 때는 뚜껑을 열고 끓여야 국물이 투명하게 만들어진다.

Tip 너무 센 불에서 끓이면 통후추가 잘 빠져나오고 국물이 탁해지며 배의 향이 덜 우러난다.

Tip 배를 넣고 끓인 후 국물이 탁해지면 다시 한번 면보에 거른다.

Tip 배가 너무 익거나 설익지 말아야 한다. (배가 너무 익으면 부서져 버리고 설익으면 국물과 함께 담았을 때 가라앉는다.)

3. 담기

- 국물이 거의 1컵으로 줄고 배가 투명해지면 배를 완성 그릇에 담고 국물을 1컵 담는다.

Tip 배와 국물을 그릇에 담았을 때 배가 뒤집히지 않고 떠 있어야 한다.

오이선

시험시간 25분

동영상 수록

요구사항

1. 오이를 길이로 1/2등분한 후, 4㎝ 간격으로 어슷하게 썰어 4개를 만드시오. (반원모양)
2. 일정한 간격으로 3군데 칼집을 넣고 부재료를 일정량씩 색을 맞춰 끼우시오. (단, 달걀은 황·백으로 분리하여 사용하시오.)
3. 단촛물을 오이선에 끼얹어 내시오.

지급재료

	재료명	규격	단위	수량
1	오이	가늘고 곧은 것 (20cm 정도)	개	½
2	쇠고기	살코기	g	20
3	건표고버섯	지름 5cm 정도, 물에 불린 것	개	1
4	달걀		개	1
5	참기름		mℓ	5
6	검은 후춧가루		g	1
7	소금	정제염	g	20
8	진간장		mℓ	5
9	백설탕		g	5
10	식용유		mℓ	15
11	깨소금		g	5
12	식초		mℓ	10
13	대파	흰 부분(4cm 정도)	토막	1
14	마늘	중(깐 것)	쪽	1

단촛물
식초 1Ts, 물 1Ts, 설탕 1Ts, 소금 ½ts

양념장
간장 1ts, 설탕 1ts, 참기름 t1s, 깨소금 1ts,
다진 파·마늘 약간씩, 후추 약간

만드는 방법

재료 확인 – 재료 손질 – 재료 양념 – 재료 볶기 – 완성 그릇 담기

1. 재료 손질하기

- 물을 올린다.
- 파·마늘은 곱게 다진다.
- 소금으로 문질러 씻은 오이는 길게 반으로 가르고 4㎝ 길이로 어슷하게 썰어 3번 칼집을 넣어 소금물에 절인다.

Tip 오이는 칼집을 넣은 뒤 소금물에 절여서 부드럽게 하는데 이때 껍질 쪽이 바닥으로 가게 한다. (오이를 빨리 절이기 위해 미지근한 소금물을 사용한다.)

- 쇠고기와 표고는 3㎝ 미만의 고운 채를 썬다.
- 채 썬 쇠고기와 표고를 양념장에 버무려 준다.

Tip 속 재료는 채가 곱고 짧아야 오이에 끼웠을 때 모양이 좋다. (오이의 직경보다 속 재료의 길이가 길지 않게 한다.)

- 절여진 오이는 물기를 제거한다.

2. 재료 볶기

- 팬에 식용유를 두르고 오이→쇠고기→표고 순으로 볶아 낸다.
- 오이는 키친타월로 기름기를 제거한다.
- 오이 칼집 사이에 황·백지단 볶은 쇠고기와 표고를 끼워 넣는다.

Tip 절인 오이는 센 불에서 빨리 볶아야 파랗고 아삭하다.

Tip 볶은 오이는 키친타월로 기름기를 제거해야 촛물을 끼얹었을 때 기름이 뜨는 것을 방지할 수 있다.

3. 담기

- 완성 그릇에 오이선을 담고 제출하기 직전에 단촛물을 끼얹는다.

Tip 단촛물은 제출 직전에 끼얹어야 오이의 색이 변하지 않고 촉촉해 보인다.

재료 손질하기

재료 볶기

담기

완성

어선

시험시간 50분

요구사항

1. 생선살은 어슷하게 포를 떠서 사용하시오.
2. 오이는 돌려 깎기 하고 당근·표고버섯은 채 썬 후 볶아서 사용하고, 달걀은 황·백지단채로 사용하시오.
3. 어선은 속 재료가 중앙에 위치하도록 하여 지름 3㎝, 두께 2㎝로 6개를 제출하시오.

지급재료

	재료명	규격	단위	수량
1	동태	500~800g 정도	마리	1
2	달걀		개	1
3	당근	길이 7cm 정도, 곧은 것	g	50
4	건표고버섯	지름 5cm 정도, 물에 불린 것	개	2
5	오이	가늘고 곧은 것 (20cm 정도)	개	⅓
6	백설탕		g	15
7	생강		g	10
8	소금	정제염	g	10
9	흰후춧가루		g	2
10	녹말가루		g	30
11	진간장		mℓ	20
12	참기름		mℓ	5
13	식용유		mℓ	30

초간장

간장 1Ts, 식초 ½Ts, 설탕 ½Ts

만드는 방법

재료 확인 – 생선 손질 – 재료 손질 – 재료 볶기 – 완성 그릇 담기

생선 손질하기 ①

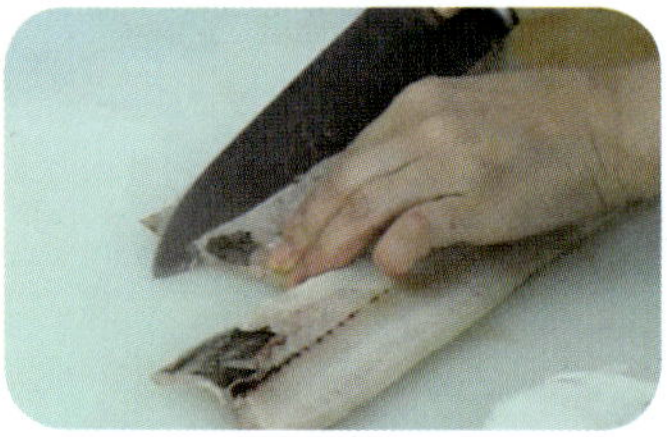

생선 손질하기 ②

재료 손질하기

1. 생선 손질하기

- 칼을 이용하여 생선의 비늘을 꼬리에서 머리 쪽으로 긁어 낸다.
- 생선은 머리, 지느러미, 내장을 제거하고 물로 깨끗이 씻는다.
- 3장 뜨기한다.
- 껍질을 벗긴다.
- 물기 제거 후 넓게 포를 뜬다.
- 소금, 흰후춧가루로 간을 한다.

2. 재료 손질하기

- 물을 올린다.
- 표고버섯은 미지근한 설탕물에 불린다.
- 오이는 돌려 깎아 채 썬 후 소금에 절인 다음 물기를 제거한다.
- 당근도 오이와 같은 크기로 채 썰어 소금으로 간을 한 뒤 물기를 제거한다.
- 불린 표고는 물기 제거 후 기둥을 떼고 채 썰어 간장, 설탕, 참기름 양념을 한다.
- 달걀은 황·백으로 지단을 부치고 채 썰어 준다.

3. 재료 볶기

- 팬에 식용유를 두르고 오이→당근→표고 순으로 볶아 펼쳐 식힌다.

Tip 속 재료는 센 불에서 빨리 볶아 식도록 헤쳐 놓는다.

4. 어선 만들기

- 녹말물을 되직하게 만들어 놓는다.
- 준비된 생선살은 면보로 눌러서 물기를 제거한다.
- 도마에 대발을 놓고 젖은 면보를 깐다.
- 생선살은 살짝 겹치도록 펴 놓고 녹말가루를 뿌린다. (익으면서 크기가 많이 줄어듦)

Tip 생선 포에 녹말가루를 뿌리고 가장자리에 녹말물을 발라야 어선이 터지거나 벌어지는 것을 방지할 수 있다.

Tip 생선 포에 속을 빈틈없이 촘촘히 놓고 단단하게 말아야 완성된 모양이 좋다.

- 그 위에 지단, 오이, 당근, 표고를 일정하게 올린다.
- 생선살의 끝과 양쪽에 녹말물을 바른다.
- 김밥 싸듯이 말아서 김이 오른 찜통에 10~15분간 찐다.

Tip 모든 재료는 물기 없이 사용해야 쪘을 때 모양이 반듯하다.

Tip 어선은 너무 센 불에서 찌면 터질 수 있으므로 주의한다.

Tip 찜을 할 때는 김발과 젖은 면보로 싸서 모양을 잡는데 찐 후 식기 전에 풀어 놓아야 달라붙지 않는다.

5. 담기

- 식으면 2㎝ 간격으로 썰어 완성 그릇에 담는다.

Tip 어선은 식은 후 썰어야 부서지지 않는다.

Tip 칼을 불에 달궈 썰면 잘 썰린다.

재료 말기

찜통에 찌기

완성

완자탕

시험시간 30분

동영상 수록

요구사항

1. 완자는 직경 3㎝ 정도로 6개를 만들고, 국 국물의 양은 200㎖ 정도 제출하시오.
2. 달걀은 지단과 완자용으로 사용하시오.
3. 고명으로 황·백지단(마름모꼴)을 각 2개씩 띄우시오.

지급재료

	재료명	규격	단위	수량
1	쇠고기	살코기	g	50
2	쇠고기	사태부위	g	20
3	달걀		개	1
4	대파	흰 부분(4cm 정도)	토막	½
5	밀가루	중력분	g	10
6	마늘	중(깐 것)	쪽	2
7	식용유		mℓ	20
8	소금	정제염	g	10
9	검은 후춧가루		g	2
10	두부		g	15
11	키친타월(종이)	주방용(소 18×20cm)	장	1
12	국간장		mℓ	5
13	참기름		mℓ	5
14	깨소금		g	5
15	백설탕		g	5

양념장
다진 파·다진 마늘 약간씩
소금·후추·참기름 약간씩

만드는 방법

재료 확인 – 재료 손질 – 재료 양념 – 재료 볶기 – 끓이기 – 완성 그릇 담기

재료 손질하기

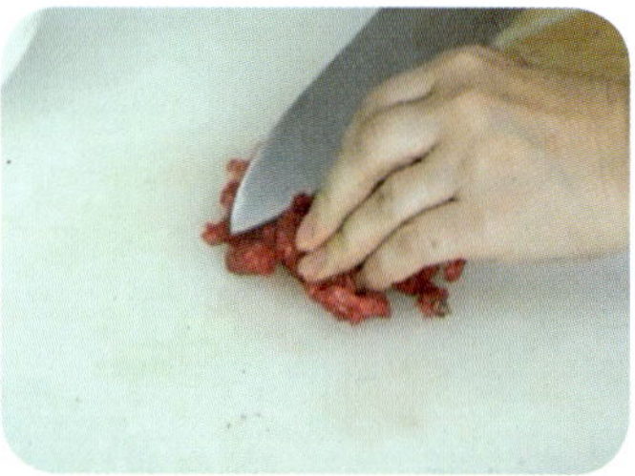

모양 만들기

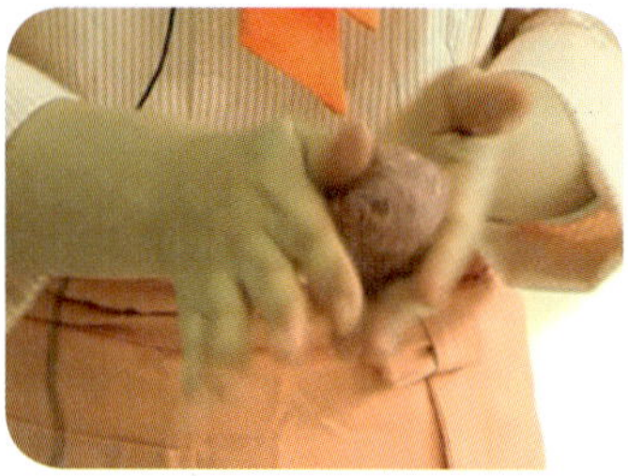

1. 재료 손질하기

- 파·마늘은 곱게 다진다.
- 쇠고기는 핏물을 제거하고 일부는 찬물에 넣어 육수를 만든다.

Tip 육수를 만들 때는 핏물을 제거한 쇠고기를 찬물부터 넣고 약한 불에서 끓여야 맑게 끓일 수 있다.

- 나머지 쇠고기는 곱게 다진다.
- 두부는 면보로 물기를 짜고 도마에서 칼등으로 곱게 으깬다.
- 다진 쇠고기와 두부를 양념장과 섞어 끈기가 날 때까지 치댄다.
- 2㎝의 동그란 완자를 6개 이상 빚어 밀가루를 입힌다.

Tip 쇠고기, 두부, 파, 마늘을 곱게 다져야 완성되었을 때 모양이 매끄럽다.

Tip 쇠고기를 살로만 곱게 다져 으깬 두부와 갖은양념을 고루 섞어 끈기가 날 때까지 치대야 익혔을 때 갈라지지 않는다.

Tip 완자를 빚을 때 손에 식용유를 살짝 바르면 달라붙는 것을 방지할 수 있다.

Tip 완자에 밀가루를 묻힌 후 여분의 밀가루는 반드시 털어낸다.

Tip 밀가루와 달걀물은 팬에서 지지기 직전에 입힌다.

- 달걀은 황·백으로 나누어 지단을 부치고 마름모꼴로 썬다. 남은 노른자는 완자에 묻힌다.

2. 재료 볶기

- 팬에 식용유를 두르고 완자를 굴려 가며 익힌다.

Tip 완자를 팬에서 익힐 때는 기름을 적게 잡고 약한 불에서 계속 굴려 가며 익힌다. (기름이 많으면 잘 구르지 않고 표면이 거칠다. 계속 굴려 가며 익혀야 완자가 둥글다.)

- 익힌 완자는 키친타월로 기름을 제거한다.

3. 끓이기

- 육수는 끓으면 소금으로 간하고 간장으로 색을 맞추어 완자를 넣고 잠깐 끓인다.
- 끓으면 완자는 건져 내고 육수는 면보에 거른다.

Tip 익혀낸 완자는 키친타월 위에 올려 기름기를 제거해야 국물이 탁하지 않다.

Tip 완자를 오래 끓이면 달걀옷이 벗겨지고 국물이 탁해진다.

Tip 육수는 반드시 면보나 키친타월에 걸러 기름기와 불순물을 제거한다.

4. 담기

- 완성 그릇에 완자 육수, 지단 순으로 담는다.

재료 볶기

육수 끓이기 ①

육수 끓이기 ②

완성

콩나물밥

시험시간 30분

동영상 수록

요구사항

1. 콩나물은 꼬리를 다듬고 쇠고기는 채 썰어 간장 양념을 하시오.
2. 밥을 지어 전량 제출하시오.

지급재료

	재료명	규격	단위	수량
1	쌀	30분 정도 물에 불린 쌀	g	150
2	콩나물		g	60
3	쇠고기	살코기	g	30
4	대파	흰 부분(4cm 정도)	토막	½
5	마늘	중(깐 것)	쪽	1
6	진간장		mℓ	5
7	참기름		mℓ	5

양념간장

간장 1ts, 다진 파 1ts, 마늘 ½ts,
고춧가루·깨소금·참기름 약간씩

만드는 방법

재료 확인 – 재료 손질 – 재료 양념 – 밥 짓기 – 완성 그릇 담기

재료 손질하기

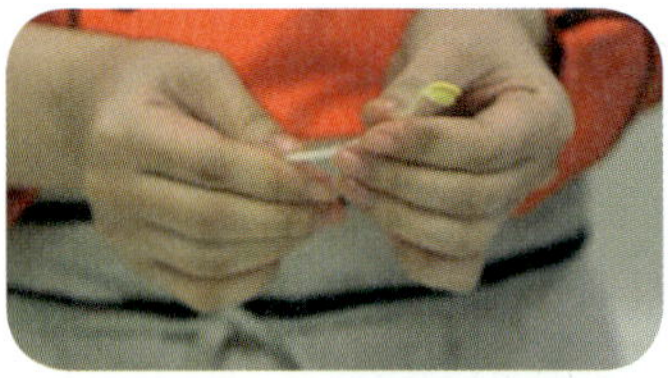

양념장 만들기

밥 짓기 ①

밥 짓기 ②

완성

1. 재료 손질하기

- 쌀은 씻어 불린다.
- 파·마늘은 곱게 다진다.
- 콩나물은 씻어 껍질과 꼬리를 제거한다.
- 쇠고기는 핏물을 제거하고 결대로 곱게 채 썬다.

2. 밥 짓기

- 불린 쌀은 건져서 냄비에 앉히고 콩나물→쇠고기채→밥물 순으로 담아 밥을 짓는다.

Tip 콩나물밥은 콩나물에서 수분이 빠져나오므로 보통 밥을 지을 때보다 물을 적게 잡는 것이 원칙이다.

Tip 채 썬 쇠고기를 콩나물 위에 얹을 때 띄엄띄엄 풀어주어야 나중에 밥이 되었을 때 덩어리지는 것을 방지할 수 있다.

Tip 조리하는 도중 뚜껑을 열지 않아야 비린내 나는 것이 방지된다.

Tip 쌀 위에 얹은 콩나물은 물에 잠기지 않아도 증기로 익는다.

Tip 콩나물과 쇠고기 채가 골고루 잘 섞이게 담는다.

3. 담기

- 밥이 다 되면 위, 아래를 가볍게 고루 섞어 완성 그릇에 담고 양념간장을 곁들인다.

달걀찜

시험시간 25분

동영상 수록

요구사항

1. 새우젓은 국물만 사용하고 실고추, 실파는 1㎝로 썰어 고명으로 사용하시오.
2. 석이버섯은 채 썰어 양념하여 볶아 고명으로 사용하시오.
3. 달걀찜은 중탕하거나 찜통에 찌시오.

지급재료

	재료명	규격	단위	수량
1	달걀		개	1
2	새우젓		g	10
3	실파		뿌리	1
4	석이버섯	부서지지 않은 것 (마른 것)	g	5
5	실고추	길이 10cm 1~2줄기	g	1
6	참기름		mℓ	5
7	소금	정제염	g	5

만드는 방법

재료 확인 – 재료 손질 – 재료 볶기 – 달걀찜 만들기 – 완성 그릇 담기

1. 재료 손질하기

- 냄비에 물을 부어 끓인다.
- 새우젓은 다진 후 즙만 짜서 준비한다.
- 달걀은 거품이 생기지 않게 잘 푼 다음 달걀 2배 분량의 물을 붓고 새우젓국과 소금으로 간을 한다.

Tip 달걀은 보통 50g이므로 물은 ½컵 정도 넣는다.

Tip 거품이 많이 나지 않게 풀어야 하며 거품이 생기면 제거하도록 한다. (거품이 있는 채로 달걀을 찌면 달걀찜에 거품이 그대로 살아 있어 모양이 좋지 않다.)

- 체에 달걀물을 내려서 알끈과 거품을 제거한다.
- 실파는 푸른 잎 부분을 1㎝ 길이로 채 썬다.
- 실고추도 1㎝ 길이로 썬다.
- 석이버섯은 비면서 씻어 이끼를 제거하고 돌돌 말아 채 썬다.

2. 재료 볶기

- 채 썬 석이를 소금, 참기름으로 버무려 볶는다.

재료 손질하기 ①

재료 손질하기 ②

재료 볶기

중탕하기

완성

3. 중탕하기

- 완성 그릇에 달걀물을 붓고 뚜껑을 덮어 끓여 둔 물에 넣어서 약한 불에서 15분 정도 중탕한다.

Tip 찜그릇을 호일이나 랩으로 밀봉하면 물이 들어가지 않아 좋지만 시험장에서 사용할 수 없게 하면 뚜껑이 될만한 그릇을 면보로 싸서 잘 덮는다.

Tip 달걀을 약한 불에서 15분 동안 표면이 매끄럽게 쪄 낸다. (너무 센 불에서 찌거나 오래 찌면 표면이 거칠고 부풀어올랐다가 가라앉으며 색깔이 변할 수 있다.)

4. 담기

- 완숙이 되었으면 준비한 고명인 실파, 실고추, 석이를 얹는다.

Tip 달걀찜은 완성되었을 때 푸딩과 같은 느낌이 좋다.

Tip 실고추는 달걀찜을 제출하기 직전에 올려야 달걀에 붉은 물이 드는 것을 방지할 수 있다.

보쌈김치

시험시간 35분

동영상 수록

요구사항

1. 무·배추는 0.3×3×3㎝ 나박 썰기, 배·밤은 편 썰기, 미나리·갓·파·낙지는 3㎝로 썰어 굴, 마늘채, 생강채와 함께 김칫소로 사용하시오.
2. 그릇 바닥을 배추로 덮은 후, 내용물을 담고 배춧잎의 끝을 바깥쪽으로 모양 있게 접어 넣어 내용물이 보이도록 하여 제출하시오.
3. 석이, 대추, 잣은 고명으로 얹으시오.
4. 보쌈김치에 국물을 만들어 부으시오.

지급재료

	재료명	규격	단위	수량
1	절인 배추	500g 정도	포기	⅙
2	무	길이 3㎝ 이상	g	50
3	밤	중(생것), 껍질 깐 것	개	1
4	배	중	개	⅒
5	실파		뿌리	1
6	마늘	중(깐 것)	쪽	2
7	생강		g	5
8	미나리	줄기 부분	g	30
9	갓	적겨자 대체 가능	g	20
10	대추	중(마른 것)	개	1
11	석이버섯	부서지지 않은 것 (마른 것)	g	5
12	잣	깐 것	개	5
13	생굴	껍질 벗긴 것	g	20
14	낙지다리	다리 1개 정도	g	50
15	고춧가루		g	20
16	소금	정제염	g	5
17	새우젓		g	20

양념장
고춧가루, 마늘채, 생강채, 물(또는 젓국), 소금, 설탕, 통깨

만드는 방법

재료 확인 – 재료 손질 – 재료 양념 – 재료 버무리기 – 완성 그릇 담기

1. 재료 손질하기

- 석이버섯을 물에 불린다.

Tip 석이는 찬물에 불려도 상관 없는데 불린 석이는 안쪽의 이끼를 손으로 비비거나 소금으로 문지르기도 하고 칼로 긁어 제거하며 뿌리도 잘라 낸다.

- 배추는 잎이 넓은 것을 골라 줄기와 분리하여 소금에 절인다.
- 배추 줄기, 무, 배는 0.3×3×3㎝ 크기로 나박썰기 한 후 배추 줄기와 무는 소금에 절이고, 배는 설탕물에 담가 둔다.

Tip 배춧잎은 오랫동안 절여서 잘 구부러질 수 있도록 하며 무는 살짝 절인다.

- 마늘, 생강은 채 썬다.
- 미나리, 갓, 실파는 3㎝ 길이로 썬다.
- 밤은 0.3㎝ 두께로 동글납작하게 썬 다음 설탕물에 담가 둔다.
- 소금에 주물러 씻은 낙지는 3㎝ 길이로 썬다.

Tip 낙지는 소금에 문질러 씻고 굴은 소금물에 흔들어 씻는다.

- 불린 석이는 손질하여 채 썰고 대추도 돌려 깎기 하여 채 썰며, 잣은 고깔을 떼어 놓는다.

재료 손질하기 ①

재료 손질하기 ②

양념장 만들기

재료 버무리기

담기

완성

2. 재료 버무리기

- 배추, 무에 양념을 넣어 버무린 후 미나리, 갓, 실파, 배, 밤, 낙지, 굴을 넣고 버무리면서 간을 맞춘다.

Tip 고춧가루양념을 미리 만들어 둔 후에 버무리면 색이 곱다.

Tip 배와 밤은 잘 부서지므로 주의한다. (다른 재료를 먼저 버무린 후 나중에 넣어 살짝 버무린다.)

Tip 보쌈김치는 여러 가지 재료를 사용하므로 시험장에서 주어진 재료를 빠짐없이 사용한다.

- 김치보시기에 절여 둔 배춧잎을 깔고 버무린 소를 담는다.
- 배춧잎의 끝부분을 보기 좋게 만다.

Tip 보쌈김치는 원래 절여진 배춧잎으로 버무린 소를 완전히 싸서 독에 차곡차곡 담는 것이지만 시험장에서는 감독관이 볼 수 있도록 배춧잎을 바깥쪽으로 모양 있게 접어 내용물이 보이게 한다.

- 양념을 버무렸던 그릇에 물을 넣고 소금으로 간을 하여 김칫국물을 만들어 반 정도 잠기게끔 붓는다.

3. 담기

- 완성 그릇에 담고 준비된 고명(석이, 대추, 잣)을 올린다.

칼국수

시험시간 30분

요구사항

1. 국수의 굵기는 두께가 0.2㎝, 폭은 0.3㎝가 되도록 하시오.
2. 멸치는 육수용으로 사용하시오.
3. 애호박은 돌려 깎아 채 썰고, 표고버섯은 채 썰어 볶아 실고추와 함께 고명으로 사용하시오.
4. 국수와 국물의 비율은 1:2 정도가 되도록 하시오.

지급재료

	재료명	규격	단위	수량
1	밀가루	중력분	g	100
2	멸치	장국용(대)	g	20
3	애호박	중(길이 6cm)	g	60
4	건표고버섯	지름 5cm 정도, 물에 불린 것	개	1
5	실고추	길이 10cm 1~2줄기	g	1
6	마늘	중(깐 것)	쪽	1
7	대파	흰 부분(4cm 정도)	토막	1
8	식용유		mℓ	10
9	소금	정제염	g	5
10	진간장		mℓ	5
11	참기름		mℓ	5
12	백설탕		g	5

양념장
간장 1ts, 설탕·참기름·깨소금·다진 파 1ts, 다진 마늘 ½ts, 참기름 약간

만드는 방법

재료 확인 – 재료 손질 – 재료 양념 – 재료 볶기 – 반죽하기 – 끓이기 – 완성 그릇 담기

1. 재료 손질하기

- 파·마늘은 곱게 다진다.
- 멸치는 머리와 내장을 제거하고 찬물부터 넣어 육수를 끓인다.

Tip 멸치 맛이 충분히 우러나면 걸러내고 소금, 간장으로 맛을 낸다. 이때 멸치를 볶다가 물을 넣고 육수를 만들면 비린내가 덜 하다. 또한, 멸치육수는 오래 끓이면 떫고 비린내가 나므로 오래 끓이지 않는다.

- 표고버섯은 따뜻한 설탕물에 불린다.
- 밀가루에 소금과 물을 넣어 되직하게 반죽하여 비닐로 싸서 숙성시킨다.

Tip 반죽은 질어질 경우와 나중에 덧가루 사용할 것을 생각해서 밀가루를 조금 남겨 놓고 한다.

Tip 반죽은 많이 치댈수록 쫄깃해지며 완성된 반죽은 비닐이나 젖은 행주로 덮어 숙성시킨다.

Tip 반죽을 약간 되게 하는 것은 숙성시키는 동안에 반죽이 조금 질어지는 것을 감안하고 나중에 칼로 썰 때 서로 달라붙는 것을 방지하기 위해서이다.

- 애호박은 돌려 깎기 하여 채 썬 후 소금에 절였다가 물기를 제거한다.
- 표고버섯은 물기와 기둥을 제거하고 포를 떠서 채 썬 다음 간장, 설탕, 참기름으로 양념한다.
- 실고추는 2㎝로 자른다.

2. 재료 볶기

- 팬에 식용유를 두르고 애호박→표고 순으로 볶아 낸다.

반죽하기

재료 손질하기

재료 볶기

반죽 자르기

육수 끓이기

완성

3. 반죽 자르기

- 숙성된 반죽은 덧가루를 뿌려 가며 0.2㎝ 두께가 못 되게 밀대로 얇게 밀고 폭은 0.3㎝가 못 되게 썰어서 여분의 덧가루를 털어낸다.

Tip 국수 반죽은 익으면서 불어나므로 두께와 폭을 완성 크기보다 작게 만든다.

4. 끓이기

- 끓인 육수에 간장으로 색을 내고 소금으로 간을 맞춘 후 칼국수를 넣어 저어 가며 불지 않게 끓인다.

Tip 장국에 국수를 넣을 때 덧가루를 털지 않으면 국물이 걸쭉해진다.

Tip 칼국수 국물(육수)은 지급된 재료에 따라서 만든다.

5. 담기

- 완성 그릇에 칼국수와 국물을 담고 호박, 표고버섯, 실고추를 고명으로 얹어 낸다.

쇠고기전골

시험시간 30분

요구사항

※ 주어진 재료를 사용하여 다음과 같이 쇠고기 전골을 만드시오.

1. 쇠고기는 육수와 전골용으로 나누어 사용하시오.
2. 전골용 쇠고기는 0.5×0.5×5㎝ 정도 크기로 썰어 양념하여 사용하시오.
3. 양파는 0.5㎝ 정도 폭으로, 실파는 5㎝ 정도 길이로, 나머지 채소는 0.5×0.5×5㎝ 정도 크기로 채 썰고, 숙주는 거두절미하여 데쳐서 양념하시오.
4. 모든 재료를 돌려 담아 쇠고기를 중앙에 놓고 육수를 부어 끓인 후 달걀을 올려 반숙이 되게 끓여 잣을 얹어 내시오.

지급재료

	재료명	규격	단위	수량
1	쇠고기	살코기	g	70
2	쇠고기	사태부위	g	30
3	건표고버섯	불린 것	장	3
4	숙주	생것	g	50
5	무	길이 5cm 정도	g	60
6	당근	길이 5cm 정도	g	40
7	양파	중(150g 정도)	개	¼
8	실파	2뿌리	g	40
9	달걀		개	1
10	잣		알	10
11	대파	흰 부분(4cm 정도)	토막	1
12	마늘		쪽	2
13	진간장		mℓ	10
14	백설탕		g	5
15	깨소금		g	5
16	참기름		mℓ	5
17	소금		g	10
18	검은 후춧가루		g	1

양념장

다진 파·다진 마늘 약간씩
간장·설탕·후추·깨소금·참기름 약간씩

만드는 방법

재료 확인 – 재료 손질 – 재료 끓이기 – 완성 그릇 담기

1. 재료 손질하기

- 파·마늘은 곱게 다진다.
- 쇠고기(사태)는 핏물을 제거하고 물 4컵, 파, 마늘과 같이 넣고 끓인 후 간장으로 색을 내고 소금으로 간을 해서 면보에 걸러 육수를 만든다.
- 숙주는 머리, 꼬리를 떼고 끓는 물에 데친 후 소금, 참기름으로 양념한다.
- 양파는 폭 0.5㎝, 실파는 길이 5㎝로 채 썬다.
- 무, 당근, 표고버섯은 0.5×0.5×5㎝ 정도 크기로 채를 썬다.
- 쇠고기는 핏물을 제거하고 0.5×0.5×5㎝ 정도 크기로 썰어 다진 파, 마늘, 간장, 설탕, 후추, 깨, 참기름을 넣고 양념한다.

2. 재료 끓이기

- 준비한 숙주, 양파, 실파, 무, 당근, 표고버섯을 전골용 냄비의 가장자리에 보기 좋게 돌려 담고 양념한 쇠고기는 가운데 담는다.
- 채소들이 잠길 만큼 육수를 붓고 끓이다가 고기가 익으면 달걀을 고기 위에 올린다.

3. 담기

- 달걀이 반숙 정도 익으면 불을 끄고 잣을 올려 제출한다.

두부전골

시험시간 40분

요구사항

※ 주어진 재료를 사용하여 다음과 같이 두부전골을 만드시오.

1. 두부는 3×4×0.8㎝ 정도 크기 7개를 녹말을 무쳐 지져서 전골에 돌려 담으시오.
2. 쇠고기는 육수와 완자용으로 나누어 사용하고, 완자는 두부와 쇠고기를 섞어 지름 1.5㎝ 정도 크기로 5개 만들어 지져서 사용하시오.
3. 달걀은 황·백지단으로 부쳐 5×1.2㎝ 정도 크기로 써시오.
4. 채소는 5×1.2×0.5㎝ 정도 크기로 썰어 사용하고 무, 당근은 데치고 거두절미한 숙주는 데쳐서 양념하시오.
5. 재료를 색 맞추어 돌려 담고 가운데에 두부를 돌려 담아 완자를 중앙에 놓고 육수를 부어 끓여 내시오.

지급재료

	재료명	규격	단위	수량
1	두부		g	200
2	쇠고기	살코기	g	30
3	쇠고기	사태부위	g	20
4	무	길이로 5㎝ 이상	g	60
5	당근	길이로 5㎝ 이상	g	60
6	실파	2뿌리	g	40
7	숙주	생것	g	50
8	건표고버섯	불린 것	개	2
9	달걀		개	2
10	마늘	중(깐 것)	쪽	3
11	대파	흰 부분(4㎝ 정도)	토막	1
12	진간장		mℓ	20
13	소금		g	5
14	참기름		mℓ	5
15	식용유		mℓ	20
16	밀가루	중력분	g	20
17	녹말가루	감자전분	g	20
18	검은 후춧가루		g	2
19	깨소금		g	5
20	키친타월(종이)	주방용(소 18×20㎝)	장	1

양념장
다진 파·다진 마늘 약간씩
소금·참기름·깨소금·후추 약간씩

만드는 방법

재료 확인 – 재료 손질 – 재료 끓이기 – 완성 그릇 담기

1. 재료 손질하기

- 파·마늘은 곱게 다진다.
- 찬물에 고기와 마늘, 대파를 넣어 끓여 면보에 걸러 육수를 만든다.
- 두부는 3×4×0.8㎝ 크기로 썰어 소금을 뿌려 준 후 물기를 제거해 녹말가루를 묻히고 지져 준다.
- 숙주는 머리와 꼬리를 다듬고 데친 후 소금, 참기름으로 양념한다.
- 무와 당근은 5×1.2×0.5㎝ 썬 후 데쳐 준다.
- 계란은 황·백 지단으로 부쳐 5×1.2×0.5㎝로 손질한다.
- 표고는 5×1.2×0.5㎝ 크기로 썬 후 진간장, 설탕, 참기름으로 양념한다.
- 실파는 5㎝ 정도의 길이로 썰어 준다.
- 완자용 고기를 다지고 두부를 으깨서 물기를 제거한 후 양념한다.

2. 재료 볶기

- 1.5㎝로 완자 5개를 빚어 준 후 밀가루, 달걀 순으로 묻혀 지져 준다.

3. 재료 끓이기

- 전골냄비에 준비한 재료들을 색을 맞추어 돌려 담고 중앙에 완자를 올린 후 육수를 부어 간을 맞춘 후 끓여 낸다.

4. 담기

- 완성한다.

채소튀김

시험시간 20분

요구사항

※ 주어진 재료를 사용하여 다음과 같이 채소튀김을 만드시오.
1. 단호박은 길이로 잘라 씨와 속을 긁어내고 0.3㎝ 두께로 자르시오.
2. 고구마는 0.3㎝ 두께 원형으로 잘라 전분기를 제거하여 사용하시오.
3. 깻잎은 찬물에 담가 두었다가 물기를 제거하고 사용하시오.
4. 밀가루와 달걀을 섞어 반죽을 만들고, 튀김은 각 3개씩 제출하시오.
5. 초간장에 잣가루를 뿌려 곁들여 내시오.

지급재료

	재료명	규격	단위	수량
1	단호박	길이로 등분할 것	g	100
2	고구마	원형을 살려 등분할 것	g	100
3	깻잎		장	3
4	밀가루	박력분	g	100
5	달걀		개	1
6	식용유		mℓ	500
7	진간장		mℓ	10
8	백설탕		g	5
9	식초		mℓ	10
10	잣		알	2
11	A4 용지		장	1
12	키친타월(종이)	주방용 (소 18×20㎝)	장	2

초간장

간장 1Ts, 식초 1Ts, 설탕 1Ts

만드는 방법

재료 확인 – 재료 손질 – 재료 끓이기 – 완성 그릇 담기

1. 재료 손질하기

- 깻잎은 씻어서 찬물에 담가 둔다.
- 단호박은 씨와 속을 제거하고 0.3㎝ 두께로 썰어 준다.
- 고구마는 0.3㎝ 두께로 원형으로 썰어 준 후 찬물에 담가 둔다.
- 밀가루는 체를 치고 그릇에 계란을 풀고 물 ½컵을 넣어 섞은 후 체에 걸러 둔 밀가루를 넣어 가면서 농도를 맞춘다.
- 잣은 곱게 다져 준다.

2. 재료 튀기기

- 기름 온도를 올려 준다. (170~180℃가 적당하다.)
- 깻잎, 고구마의 물기를 제거한 후 단호박과 함께 밀가루를 가볍게 묻혀 준다.
- 기름 온도를 확인한 후 바삭하게 튀겨 준다.

3. 담기

- 완성 그릇에 담아 준다.

재료 썰기

시험시간 25분

요구사항

※ 주어진 재료를 사용하여 다음과 같이 재료 썰기를 하시오.

1. 무, 오이, 당근, 달걀지단을 썰기 하여 전량 제출하시오.
2. 무는 채 썰기, 오이는 돌려 깎기 하여 채 썰기, 당근은 골패썰기를 하시오.
3. 달걀은 흰자와 노른자를 분리하여 알끈과 거품을 제거하고 지단을 부쳐 완자(마름모꼴)모양으로 각 10개를 썰고, 나머지는 채 썰기를 하시오.
4. 재료 썰기의 크기는 다음과 같이 하시오.

가) 채썰기: 0.2x0.2x5cm

나) 골패썰기: 0.2x1.5x5cm

다) 마름모형 썰기: 한 면의 길이가 1.5cm

지급재료

	재료명	규격	단위	수량
1	무		g	100
2	오이	길이 25cm 정도	개	½
3	당근	길이 6cm 정도	토막	1
4	달걀		개	3
5	식용유		mℓ	20
6	소금		g	10

만드는 방법

- 무는 5㎝ 길이로 자른 다음, 0.2㎝ 두께로 저민 후 0.2㎝ 넓이가 되도록 채 썬다.
- 오이는 5㎝ 길이로 자른 다음, 0.2㎝ 두께로 돌려 깎기 한 후 짙은 색이 위로 오게 겹쳐 놓고 0.2㎝ 넓이로 채 썬다.
- 당근은 5㎝ 길이로 자른 다음, 0.2㎝ 두께로 저민 후 1.5㎝ 넓이가 되도록 골패썰기 한다.
- 달걀은 흰자와 노른자로 분리하고 체에 내려 알끈과 거품을 제거한 다음 프라이팬에 기름을 살짝 두르고 노른자부터 0.2㎝ 두께가 되도록 부친다. 흰자도 0.2㎝ 두께가 되도록 부친다.
- 익힌 황·백지단은 1.5×1.5㎝가 되도록 마름모양으로 각각 10개를 썰고 나머지는 0.2×0.2×5㎝가 되도록 채 썬다.
- 접시에 모양 있게 담아낸다.

제4장

전통식품의 현대화편

가지전과 쇠고기버섯볶음

가지를 넓고 길게 어슷썰기 하여 전으로 부친 가지에 갖은양념으로 볶은 쇠고기와 버섯을 양념장과 곁들여 싸 먹는 요리로서, 가지의 고소한 맛을 제대로 느낄 수 있으며 파티나 접대용 요리로 손색이 없는 일품요리이다.

기본 재료

쇠고기(목심) 150g, 가지 약 300g, 부침가루 ½컵, 계란 2개, 느타리버섯 2줌

쇠고기 밑간

파인즙 1Ts, 간장 2ts, 맛술 2ts, 참기름 1ts, 다진 마늘 1ts, 후춧가루 약간, 고추기름 1Ts

가지 밑간

소금 1ts, 마늘즙 1ts, 흰후춧가루 약간

양념장

국간장 2Ts, 다시마물 2Ts, 다진 청양고추 2Ts, 간장 1Ts, 올리고당 2ts, 다진 파 1ts, 다진 마늘 1ts, 고운 고춧가루 1ts, 참기름 1ts, 소금 1ts

만드는 방법

1. 쇠고기는 얇게 채 썰어 쇠고기 밑간 재료로 밑간하여 10분 정도 둔 후 팬에 센 불로 재빨리 볶는다.
2. 끓는 물에 재빨리 데친 느타리버섯을 찬물에 헹궈 물기를 꼭 짠 뒤 팬에 식용유를 적당량 둘러 센 불로 재빨리 볶는다.
3. 가지는 꼭지를 떼어 내고 0.5㎝ 두께로 길게 어슷 썬 뒤 가지 밑간 재료로 10분 정도 재어 둔다.

   ※ 가지를 얇게 썰어야 고기를 싸서 먹을 때 부담스럽지 않다.
4. 달걀물을 만들고, 가지에 부침가루→달걀물 순으로 묻힌 뒤 팬에 중약불로 앞뒤를 노릇하게 굽는다.

   ※ 가지는 불 조절을 잘못할 경우 금방 탈 수가 있으므로 전을 부칠 때 불 조절을 잘 해야 한다.
5. 양념장 재료를 섞어 양념장을 만든다.
6. 쇠고기와 버섯을 골고루 버무리고 접시에 가지전과 함께 보기 좋게 담은 뒤 양념장을 곁들여 마무리한다.

너비아니구이

쇠고기를 얇고 넓적하게 저며서 핏물을 빼고 양념하여 굽는 음식으로 요즈음은 흔히 불고기라 한다. 너비아니란 말은 고기를 넓적넓적하게 저며 썬 조각을 이용한 데서 영유된 이름인 것 같다(한국음식대관 2권 296쪽 너비아니구이 머릿말글 인용).

기본 재료

쇠고기(목심) 600g, 잣가루 2Ts

밑간

맛술·파인즙 각각 2Ts

양념장

간장 5Ts, 참기름 3Ts, 매실청·파인즙 각각 2Ts, 꿀·배즙 각각 1Ts,
다진 마늘·깨소금 1Ts, 생강즙 2ts, 후추 1ts

만드는 방법

1. 쇠고기는 종이타월로 핏물을 닦고 가로 5㎝, 세로 7㎝, 두께 0.5㎝로 썰어 잔 칼집을 내어 밑간에 10분 정도 재운다.
2. 양념장 재료를 섞어 양념장을 만든다.
3. 쇠고기에 양념장을 넣고 간이 잘 배도록 주물러 30분 정도 재운다.
4. 팬이나 석쇠를 달궈 식용유를 바른 후 양념해 놓은 쇠고기를 한 장씩 센 불에서 앞뒤로 재빨리 굽는다.

   ※ 쇠고기를 자를 때는 결 반대방향으로 썰어야 하며, 잔 칼집을 내거나 두드려서 부드럽게 한 후 밑간에 재우면 더욱 부드러운 너비아니구이가 된다.
5. 구워진 쇠고기를 접시에 담고 잣가루를 뿌려 낸다.

대하잣즙냉채

가을 대하는 맛이 좋고 살이 통통하며 먹으면 힘이 나 자양강장제라 불릴 정도로 타우린 성분과 단백질이 풍부하지만, 지방이 부족하여 식물성 지방인 잣을 갈아 넣어 주면 최고의 궁합 요리이다.

기본 재료

대하 4마리, 전복 1마리, 오징어 작은 것 1마리, 백오이 100g, 배 100g, 맛술 30g

겨자잣소스

잣가루 45g, 매실청·배즙 각각 30g, 연겨자 10g, 참기름 15g, 소금·흰후추 각각 1g

만드는 방법

1. 대하는 등 쪽에 있는 내장을 이쑤시개로 빼낸 뒤 깨끗이 씻어 놓고, 끓는 물에 대하와 맛술을 넣어 재빨리 데친 뒤 건져 내어 껍질을 벗겨 반으로 가른다.

   ※ 대하는 등 쪽에 있는 내장을 이쑤시개로 꼭 빼 내야만 쓴맛이 나지 않는다.

2. 전복은 내장을 제거해 깨끗이 씻고, 오징어는 껍질을 벗겨 깨끗이 씻은 뒤 사선으로 칼집을 넣어 어슷 썬다.
3. 배는 껍질을 벗겨 씨를 뺀 뒤 모양대로 얇게 썰고, 오이는 길게 반 갈라 얇게 어슷 썬다.
4. 찜통에 오징어, 전복을 넣어 2분 정도 쪄 식힌 후 차게 한다.
5. 겨자잣소스를 만들어 냉장실에서 차게 한다.
6. 대하, 오징어, 전복에 겨자잣소스를 골고루 버무린 뒤 배, 오이를 올려 마무리한다.

더덕양념구이

더덕은 산에서 나는 고기라 불릴 정도로 산채를 대표한다. 더덕의 진액과 쓴맛은 사포닌 성분의 특징이며, 혈액순환, 원기회복을 돕고 가래를 해소시키는 효과가 있는 것으로 알려져 있다. 더덕구이, 무침, 섭산삼 등의 다양한 요리가 있다.

기본 재료

더덕 200g, 쪽파 1대

밑간

간장 1Ts, 참기름 1Ts

양념장

다시마물 75g, 고추장 30g, 마늘즙 30g, 올리고당 30g, 쌀엿 30g

만드는 방법

1. 더덕은 흙을 깨끗이 씻어 낸 뒤, 윗부분부터 뿌리 방향으로 껍질을 벗긴다.
2. 끓는 물에 살짝 데치면 껍질을 벗기기 쉽다.
3. 반으로 잘라 부서지지 않도록 방망이로 살살 민다.
4. 손질한 더덕에 밑간을 한 다음 식용유 두른 팬에 살짝 구워 낸다.
5. 양념장 재료를 섞어 양념장을 만든다.
6. 쪽파를 송송 썬다.
7. 더덕에 양념장을 골고루 바른 뒤, 팬에 식용유를 적당량 두르고 약한 불에서 앞뒤로 구워 송송 썬 쪽파와 통깨를 뿌려 마무리한다.

※ 생더덕을 방망이로 밀거나 살살 두들기면 더덕결이 부서질 염려가 있으므로 반으로 갈라 하루 정도 두거나 옅은 소금물에 1~2시간 정도 담근 후 건져 두들기거나 밀면 부서지지 않는다.

모둠쌈밥(2인분)

입맛을 돋우어 주는 모둠쌈밥으로, 남녀노소 누구나 즐겨 먹을 수 있으며 다양한 채소에 견과류 쌈장을 곁들인 쌈밥은 먹어도 먹어도 질리지 않는다. 쌀소비 촉진에 도움이 되는 메뉴라 할 수 있다.

기본 재료

밥 450g, 쌈다시마 5장(100g), 양배추잎 100g, 호박 또는 아욱잎 6장, 새송이버섯 1개(大, 100g), 당근 200g, 오이 100g, 미나리 20g

밑간 양념

맛소금 ½ts, 참기름 1Ts

견과류쌈장

된장 45g, 고운 고춧가루 10g, 물엿 15g, 다진 견과류 15g, 맛술 15g, 다진 청양고추 10g, 다진 홍고추 10g, 고추장 10g, 다진 마늘 10g, 양파즙 15g, 참기름 15g, 깨소금 10g

만드는 방법

1. 밥에 밑간 양념을 한다.
2. 쌈 다시마는 두세 번 물을 갈아 주며 짠맛을 완전히 뺀 다음 소금을 약간 넣은 끓는 물에 데쳐서 냉수에 헹구어, 5㎝ 크기로 자른다.
3. 양배추, 호박잎 또는 아욱을 끓는 물에 소금을 약간 넣어 데친 후 냉수에 헹군다. 미나리를 다듬어 줄기만 끓는 물에 데친다.
4. 새송이버섯은 얇게 길이대로 썰어 끓는 물에 소금을 약간 넣은 후, 데쳐 냉수에 헹군다.
5. 당근과 오이는 길이대로 얇게 썬다.
6. 견과류쌈장을 만든다.
7. 준비된 쌈 재료에 밥을 넣어 쌈장을 올린 후 예쁘게 말아 그릇에 담는다.

※ 견과류를 넣어 쌈장을 만들 경우 된장의 짠맛을 저하시킬 수 있어 좋다.

배추김치

우리나라 대표 음식인 김치는 종류가 다양하고 지방에 따라 넣는 재료와 만드는 방법이 조금씩 다르다. 그러므로 맛의 차이가 확연히 달라 김치 요리법도 다양하다. 이제는 김치도 모양 있게 만들고 예술적 가치로 승화시켜 세계인이 먹는 김치로 발전하였다.

기본 재료

배추 2포기(약 4㎏), 굵은소금 65g, 무 450g, 쪽파 50g, 미나리 50g

소금물

굵은소금 800g(5컵), 물 5ℓ

김칫소 양념

굵은 고춧가루 300g, 고운 고춧가루 200g, 멸치액젓 100g, 새우젓 100g, 다시마물 100g, 황태육수 100g, 배즙 100g, 양파즙 100g, 다진 마늘 100g, 매실청 80g, 설탕 50g, 다진 생강 20g

만드는 방법

1. 배추는 깨끗이 손질해 세로로 2등분 한다.
2. 배추를 소금물에 한 번 담갔다 건진 후, 밑동 부분에서 세로방향으로 ⅓ 정도 칼집을 넣어 준 뒤 반으로 잘라 굵은소금을 배추 줄기 사이에 한 켜씩 뿌리고, 다시 소금물에 넣어 무거운 것을 올려 절인다.

   ※여름에는 4~5시간, 겨울에는 10시간 정도 절이고, 중간에 한 번 뒤집어서 절이는 것이 좋다.
3. 절인 배추는 흐르는 물에 줄기 사이사이를 깨끗이 씻어 체에 밭쳐 물기를 뺀다.

   ※ 물기를 완전히 빼야 김치에 물이 생기지 않는다.
4. 김칫소 양념을 만든다.

   ※ 덩어리지지 않도록 잘 섞어 준다.
5. 무는 곱게 채 썰고, 쪽파와 미나리는 먹기 좋은 길이로 썬다.
6. 김칫소에 무채와 미나리, 쪽파를 넣어 살살 버무려 30분 정도 두고, 배추에 김칫소를 사이사이 고르게 펴 바른 뒤 겉잎으로 여미듯 잘 감싸 밀폐용기에 켜켜이 담아 마무리한다.

   ※ 배추 틈 사이로 공기가 새 나가지 않도록 꼭꼭 눌러 용기에 담는다.

   ※ 보관할 때 상온(약 25℃)에서 하루 정도 둔 뒤 냉장고(5~10℃)에 넣어 보관한다. 기호에 따라 숙성시켜 먹는다.

섭산적

쇠고기를 곱게 다져서 양념하여 넓적하게 반대기를 만들어 구운 산적이다. 때로는 한입에 먹기 알맞게 동그랗게 빚어서 굽기도 한다(한국음식대관 제6권 269쪽 섭산적 머리글 인용).

기본 재료

쇠고기(우둔살 간 것) 400g, 두부 50g

밑간 양념

간장 1Ts, 설탕 1Ts, 다진 마늘 1ts, 참기름 1ts, 후추 약간

조림장

간장 45g, 물 45g, 설탕 45g, 마늘즙 15g, 맛술 15g, 참기름 15g, 양파즙 15g, 생강즙 5g, 후추 5g

고명

대추·잣·해바라기씨·살구씨 등 견과류 조금씩

만드는 방법

1. 쇠고기는 종이타월로 핏물을 제거한다.
2. 두부는 거친 부분을 제거 한 후 으깨어 베보자기에 싸서 물기를 꼭 짠다.
3. 1과 2를 혼합하여 밑간 양념하여 부드러워질 때까지 치대어 준다.
4. 조림장을 만들어 한번 끓인다.
5. 3의 재료를 먹기 좋은 크기로 네모나게 만든다.
6. 조림장에 5의 재료를 넣어 뒤집어 가면서 조려 준다.
7. 조려 낸 고기 위에 고명을 올려 예쁘게 장식한다.

※ 차게 혹은 따듯하게 먹을 수 있는 음식이며 견과류를 곁들여 소화가 잘되어 노약자에게 좋은 음식이다.

※ 쇠고기를 양념하여 많이 치대어 공기를 빼 주어야만 구울 때나 지질 때 결이 생기지 않고 반듯한 모양이 된다.

연근샐러드

만드는 방법

많은 사람들이 다이어트 혹은 건강을 위해 샐러드를 많이 즐기는데 연근샐러드는 한식의 고유 느낌을 주면서 건강과 맛을 동시에 충족시키는 건강샐러드로서, 아삭아삭한 연근이 고소한 들깨 소스와 잘 어울린다.

기본 재료

연근 200g, 양상추 40g, 오이 40g, 방울토마토 4알

소금물

소금 1Ts, 물 5컵

단촛물

설탕 1Ts, 식초 1Ts, 물 2½컵

들깨소스

배즙 60g, 레몬즙 30g, 들깻가루 60g, 올리고당 30g, 매실청 15g, 볶은 소금 5g, 검은깻가루 5g

만드는 방법

1. 연근은 껍질을 벗기고 모양대로 얇게 썰어 옅은 소금물에 20분 정도 담가 둔다.
2. 끓는 물에 재빨리 연근을 데쳐 단촛물에 5분 정도 담갔다 체에 밭쳐 물기를 뺀다.
3. 방울토마토는 꼭지를 떼 반으로 가르고, 양상추는 먹기 좋은 크기로 뜯어 단촛물에 1분 정도 담갔다 체에 밭쳐 물기를 뺀다.
4. 오이는 모양대로 썰고 찬물에 헹궈 체에 밭쳐 물기를 뺀다.
5. 들깨소스를 만든다.
6. 접시에 연근과 양상추, 방울토마토, 오이를 모양 있게 담아 들깨소스를 곁들여 마무리한다.

※ 들깨소스를 만들 때의 들깻가루는 거피를 한 것이 좋다.

오이갑장과

갑장과는 갑자기 만들어졌다 하여 궁중에서 붙여진 이름이라 한다. 여름 별미인 임금님의 반찬으로 오이를 소금에 살짝 절여 물기를 꼭 짜고, 양념한 쇠고기와 함께 볶아 짭조름하면서 담백한 여름 별미이다.

기본 재료

백오이 200g, 굵은소금 1Ts, 쇠고기 100g, 표고버섯 2장, 홍고추(선택 재료) ½개

소금물

소금 1Ts, 물 2컵

밑간

간장 1Ts, 올리고당 1ts, 다진 마늘 ½ts, 참기름 1ts, 후춧가루 약간, 깨소금 1ts

양념

참기름 10g, 깨소금 10g

만드는 방법

1. 백오이는 굵은소금으로 겉 표면을 살살 문질러 씻은 뒤 반으로 잘라 씨 부분을 도려내 4~5등분 하여 1㎝ 굵기로 잘라 소금물에 담가 둔다.
2. 백오이가 떠오르지 않게 30분 정도 물주머니를 올린다.
3. 절인 오이는 찬물에 헹궈 면보에 싸서 물기를 꼭 짠다.
4. 쇠고기는 곱게 채 썰어 밑간한다.
5. 표고버섯은 기둥을 떼어 내 곱게 채 썰고, 홍고추도 채를 썬다.
6. 팬에 식용유(1ts)를 두르고 쇠고기와 표고버섯을 센 불에 볶고, 오이를 넣어 재빨리 볶아 참기름, 깨소금을 넣고 채 썬 홍고추를 넣어 마무리한다.

※ 오이를 소금에 절여 물기를 짤 때 비틀지 말고 면보에 싸여 있는 상태로 짜야 오이의 색이 그대로 살아 있어 쇠고기와 볶았을 때 모양이 예쁘다.

오이롤김치

오이롤김치는 영화 <식객 2: 김치전쟁>에서 배우 김정은씨가 퓨전식 다양한 김치를 과일안주로 만들어 외국인들과 파티를 하는 장면에서 선보인 김치이다. 한입 크기의 예쁜 모양이 침샘을 자극한다.

기본 재료

청오이 300g(약 3개), 굵은소금 2Ts, 무 100g, 부추 50g, 절인 배춧잎 3~4장, 잣 1ts

양념장

고운 고춧가루 45g, 새우젓 15g, 설탕 30g, 다진 마늘 15g, 양파즙 15g, 생강즙 10g, 액젓 15g, 깨 10g

만드는 방법

1. 오이는 굵은소금으로 겉을 비벼 깨끗이 씻어 둔 후 약 5㎝ 길이로 자른 다음 속을 동그랗게 파내고 소금물에 10분 정도 절인다.
2. 오이가 살짝 절여지면 한번 헹구어 소쿠리에 밭친다.
3. 무는 3㎝ 길이로 곱게 채 썬다.
4. 부추는 약 3㎝ 길이로 자른다.
5. 양념장을 만든 다음 3, 4에 버무려 소를 만든다.
6. 속을 파낸 오이에 소를 꼭꼭 넣는다.
7. 절여진 배춧잎을 넓게 펼친 후 오이를 위에 얹어 김밥 말듯 돌돌 말아 준다.
8. 예쁘게 썰어 접시에 담아 잣을 위에 올린다.

※ 오이를 약 5㎝ 길이로 잘라 과일 씨 파내는 기구로 속을 파내면 예쁜 모양이 되므로 기구를 이용하는 것이 좋다.

콩나물잡채

콩나물 잡채는 당면이 들어가지 않고 콩나물의 머리와 꼬리를 떼 버리고 겨자소스에 버무려 만들어 먹었던 음식인데, 여기에 당면과 다양한 채소를 볶아 곁들여 보았다. 아삭한 콩나물의 식감과 부드러운 당면의 조화가 잘 어울리는 요리이다.

기본 재료

콩나물 200g, 소금 5g, 당근 100g, 새송이버섯 50g, 부추 40g, 당면 30g

양념장

올리고당 10g, 간장 5g

양념

참기름 15g, 통깨 15g, 후춧가루 3g

만드는 방법

1. 꼬리를 뗀 콩나물은 깨끗이 씻어 끓는 물에 소금을 넣어 재빨리 데친 뒤 찬물에 헹궈 체에 밭쳐 물기를 뺀다.
2. 표고버섯, 새송이버섯은 곱게 채 썬다.
3. 당근은 곱게 채 썰고, 부추는 깨끗이 씻어 물기를 뺀 후 먹기 좋은 길이로 썬다.
4. 팬에 식용유(1Ts)를 두르고 콩나물, 표고버섯, 새송이버섯, 당근, 부추를 중간 불로 재빨리 볶아 건져 낸다.
5. 팬에 물(5Ts)과 양념장을 넣고 중간 불에서 끓어오르면 데친 당면을 넣어 양념장이 스며들 때까지 볶는다.

   ※ 당면은 끓는 물에 넣어 5분 정도 데친 후 건져 내 물기를 빼 준비한다.
6. 볶은 재료를 넣은 뒤 양념 재료의 참기름, 후춧가루, 통깨를 곁들여 가볍게 한 번 더 볶아 마무리한다.

   ※ 콩나물을 데칠 때 끓는 물에 소금을 넣어 재빨리 데쳐 찬물에 씻은 후 얼음물에 담가 물기를 완전히 제거해야 아삭한 맛을 낸다.

홍시셔벗

홍시셔벗은 드라마 <식객>에서 무슬림으로 등장하는 왕족집안 부부에게 디저트로 접대하는 장면이 나오는데 이를 활용한 음식이다. 실제 무슬림인이 배우 역할을 하였는데, 먹으면서 감탄을 하였다. 모양과 맛에 반한 홍시셔벗으로 한국음식의 아름다움이 더욱 빛나 보인다.

기본 재료

홍시 2개, 꿀 15g, 레드 와인 15g, 곶감 2개, 수정과 1컵, 민트잎 2장

만드는 방법

1. 홍시는 깨끗이 씻어 살을 발라낸다.
2. 발라낸 살을 믹서에 갈아 체에 내린다.
3. 체에 내린 홍시에 꿀, 레드와인을 넣고 냉동실에 얼린다.
4. 홍시가 반쯤 얼면 살살 긁어 다시 냉동실에 얼린다.
5. 위 과정을 4~5번 반복한다.
6. 그릇에 곶감, 홍시셔벗, 민트잎을 올려 주고 수정과를 넣어 준다.

※ 홍시 껍질을 벗겨 갈아서 체에 내려 냉동실에 넣었다가 다시 긁어 내어 냉동실에 넣기를 반복하는 것이 중요하다.

화양적

쇠고기와 도라지, 표고, 달걀 등을 익혀서 꼬치에 꿴 누름적이다. 각각의 재료에 양념을 잘해서 맛을 잘 내야 보기만큼 맛도 좋다(참고: 한국음식대관 제6권 267쪽 화양적 머리글 인용).

기본 재료

쇠고기(우둔) 400g, 당근 200g, 청오이 150g, 표고버섯 5장, 달걀 5개, 잣가루 30g, 꼬치

양념

간장 4Ts, 올리고당 1Ts, 배즙 1Ts, 마늘즙 1Ts, 참기름 1Ts, 후춧가루 ¼ts

초간장

간장 30g, 매실청 30g, 식초 15g, 꿀 10g

만드는 방법

1. 쇠고기는 두께 1㎝, 넓이 10×8㎝로 자르고 종이타월로 핏물을 제거한 후 양념에 30분 정도 재운다. 달구어진 팬에 재운 쇠고기를 넣어 불조절을 하면서 속까지 완전히 익힌다.
2. 익힌 쇠고기를 넓이 1㎝ 길이 5㎝ 정도로 자른다.
3. 당근, 청오이는 두께 1㎝, 넓이 1㎝, 길이 6㎝ 정도로 자른 후 식용유를 두른 팬에 중간 불에서 각각 볶아 낸다.
4. 건표고버섯은 따뜻한 설탕물에 충분히 불린 후 기둥을 떼어 내고 넓이 1㎝, 길이 6㎝로 자른 다음 식용유를 두른 팬에 중간 불에서 볶아 낸다.
5. 달걀은 황·백으로 나누어 체에 거른 후 식용유를 약간 두른 팬에 각각 1㎝ 두께로 지단을 부쳐 내어 넓이 1㎝, 길이 6㎝로 자른다.
6. 꼬치에 위의 재료들을 가지런히 꽂아 준 후 식용유를 두른 팬에 다시 한 번 지져 그릇에 모양 있게 담고 잣가루를 중간에 가지런히 뿌려 낸다.
7. 초간장을 만들어 곁들여 낸다.

※ 꼬치에 꿰어서 윗부분과 아랫부분을 가지런히 맞추어 잘라 주어야 모양 있는 화양적이 된다.

단호박 개성 주악

개성주악은 개성지방에서 정월 초하룻날이나 귀한 손님이 왔을 때 먹던 음식이다. 찹쌀가루로 반죽한 것을 둥글게 빚어 튀긴 지짐떡으로 쫄깃한 맛이 일품이다. 시럽에 굴려 가운데에 호박씨, 잣, 등을 올려 내면 저마다 윤기를 내며 오밀조밀 모여 있는 모양새가 절로 손이 가게 한다.

기본 재료

단호박 200g, 찹쌀가루 300g, 밀가루 100g, 소금 4g, 막걸리 200g(㎖), 뜨거운 물 80g, 설탕 12g, 호박씨·잣·건대추 각각 조금씩

시럽 재료

조청 900g, 계핏가루 3g, 생강 10g, 꿀 300g, 소금 4g, 물 200g(㎖)

만드는 방법

1. 단호박은 반으로 잘라 속 안의 씨를 제거한 후 찜통에 부드럽게 찐 다음 껍질을 벗겨 체에 내린다.
2. 찹쌀가루, 밀가루, 설탕을 체에 내린 다음 1과 막걸리와 소금을 섞은 뜨거운 물을 농도를 보며 넣어 반죽을 한다.
3. 반죽은 지름 5㎝ 크기로 동그랗게 모양을 만든 후 가운데 오목하게 구멍을 눌러 준다.
4. 시럽 재료를 모두 넣어 한 번 끓어오르면 약한 불에서 10분 정도 졸인 다음 체로 건더기를 건져 낸다.
5. 120℃의 예열된 기름에 주악을 넣고 양면이 색이 나도록 튀겨 낸 다음 시럽에 굴려 가운데에 호박씨, 잣, 건 대추 등을 올린다.

제5장

한국음식의 생활요리편

컵밥(4인분)

컵밥은 비빔밥의 재해석이라고 할 수 있다. 비빔밥은 우리나라의 대표적인 문화음식으로 갖가지 나물과 밥을 비벼 먹는 것으로 현재 한식의 대표 음식으로 자리매김 하면서 고급화, 대중화되어 가고 있고, 세계 항공업계 콘테스트인 기내식 어워드에서도 1등을 한 적도 있다. 비빔밥을 컵에 담아 봄으로 휴대, 이동하기 간편하다.

기본 재료

쌀(30분 불린 것) 200g, 애호박(채 친 것) 150g, 당근(채 친 것) 100g, 깐 도라지(찢은 것) 100g, 청포묵 200g, 쇠고기(다짐육) 150g, 식용유 50㎖

청포묵 양념

간장 1Ts, 설탕 ½Ts, 참기름 1Ts

쇠고기 밑간

간장 2ts, 설탕 1ts, 다진 파 ½ts, 다진 마늘 ¼ts, 깨소금·참기름·후춧가루 조금씩

약고추장

고추장 8Ts, 다진 쇠고기 50g, 참기름 1Ts, 물 4Ts, 설탕 1Ts, 다진 파 ½Ts, 다진 마늘 ½ Ts, 깨소금 ½ts

달걀지단

달걀 1개, 소금 약간, 식용유 적당량

만드는 방법

채소 볶은것

컵 안에 담기

1. 밥 짓기

- 불린 쌀에 물을 넣고(쌀:물 – 1:1.2) 고슬고슬한 밥을 짓는다. 센 불에서 끓으면 5분 정도 두었다가, 약한 불로 줄여 뜸을 들인다.

2. 달걀지단 만들기

- 달걀을 풀어서 소금 약간을 넣고 젓는다.
- 전분과 물을 잘 섞은 후 달걀에 넣고 체에 한 번 내린다.
- 팬에 달걀지단을 부쳐 낸다.

3. 채소 볶기

- 애호박, 당근, 깐도라지는 가늘게 채 쳐서 2~3㎝로 자르고, 소금을 뿌린 후 살짝 볶는다.

4. 묵 처리하기

- 묵은 가늘게 채 쳐서 간장, 설탕, 참기름에 버무린다.
- 단단한 묵이면 채 쳐서 끓는 물에 삶은 후, 건져서 찬물에 헹구고, 체에 넣어 수분을 뺀다.
- 수분 뺀 묵은 청포묵 양념으로 밑간한다.

5. 쇠고기 볶기

- 쇠고기는 가늘게 채 쳐서 핏물을 제거한 후 쇠고기 밑간으로 양념하여 국물 없이 볶는다.

6. 약고추장 만들기

- 팬에 참기름 넣고 쇠고기와 고추장을 볶아 약고추장을 만든다. 이때 물과 다진 파, 다진 마늘, 깨소금을 섞어서 볶은 후 따로 담아 둔다. 만들어진 약고추장은 작은 용기에 따로 담는다.

7. 컵에 담기

- 투명 컵 용기에 밥, 지단, 채소, 묵, 쇠고기를 한 줄씩 조화롭게 담는다.

요리 point!

1. 채소와 쇠고기는 2㎝ 정도로 채 쳐서 볶아야 컵에 담기 쉽고 예쁘다.
2. 밥은 고슬고슬하게 지어야 맛이 있다.
3. 밥 짓기는 센 불·중간 불→약한 불 순으로 지으며, 약한 불로 뜸을 들이다 불을 끈 후 5분 뒤에 뚜껑을 열어야 뜸이 알맞게 든다.

보자기비빔밥(4인분)

우리나라에는 예로부터 고유하고 훌륭한 보자기 문화가 있다. 보자기는 용도별로 이불보, 밥상보 등 생활용 보와 의식에 사용된 보가 있다. 비빔밥을 달걀지단이라는 보에 싸서 만들어 봄으로 정성과 공을 엿볼 수 있다.

기본 재료

불린 쌀(30분 불린 것) 200.g, 애호박(채 친 것) 150g, 당근(채 친 것) 100g, 깐 도라지(찢은 것) 100g, 청포묵 200g, 쇠고기(다짐육) 150g, 식용유 50㎖

묵 양념

간장 1Ts, 설탕 ½Ts, 참기름 1Ts

쇠고기 밑간하기

간장 2ts, 설탕 1ts, 다진 파 ½ts, 다진 마늘 ¼ts, 깨소금·참기름·후춧가루 조금

달걀지단 만들기

달걀 8개, 전분 1Ts, 물 1Ts, 소금 ¼ts

약고추장 만들기

고추장 8Ts, 다진 쇠고기 50g, 참기름 1Ts, 물 4Ts, 설탕 1Ts, 다진 파 ½Ts, 다진 마늘 ½Ts, 깨소금 ½ts

만드는 방법

1. 밥 짓기

- 불린 쌀에 물을 넣고(쌀:물 - 1:1.2) 고슬고슬한 밥을 짓는다. 센 불에서 끓으면 5분 정도 두었다가, 약한 불로 줄여 뜸을 들인다.

2. 채소, 쇠고기 볶기

- 애호박, 당근, 깐도라지는 가늘게 채 쳐서 소금을 뿌린 후 살짝 볶는다.
- 쇠고기는 가늘게 채 쳐서 핏물을 제거한 후 쇠고기 밑간으로 양념하여 국물 없이 볶는다.

3. 묵 처리하기

- 묵은 가늘게 채 쳐서 묵 양념에 버무린다.

4. 달걀지단 만들기

- 달걀을 풀어서 소금 약간을 넣고 젓는다.
- 전분과 물을 잘 섞은 후 달걀에 넣고 체에 한 번 내린다.
- 팬에 달걀지단을 부쳐 낸다.

5. 약고추장 만들기

- 팬에 참기름 넣고 쇠고기와 고추장을 볶아 약고추장을 만든다. 이때 물과 다진 파, 다진 마늘, 참기름을 섞어서 볶는다.

6. 보자기 비빔밥 만들기

- 접시 위에 부친 지단을 올린다.
- 지단 위에 밥을 두툼하게 올리고 그 위에 채소와 쇠고기를 얹는다.
- 지단의 남은 부분으로 밥을 감싼다.
- 데친 미나리 줄기로 비빔밥을 묶고, 샐러드 채소로 장식한다.

지단 위에 밥 올리기

밥 위에 재료 올리기

요리 point!

1. 보자기 비빔밥은 미나리 대신 김으로 묶어도 예쁘다.
2. 예전부터 비빔밥은 그릇에 담아왔으나, 지단을 넓게 만들어 비빔밥을 싸서 담는 것도 새로운 스타일의 퓨전 비빔밥이라고 할 수 있다.
3. 단단한 묵은 채 쳐서 끓는 물에 삶은 후, 건져서 찬물에 헹구고, 체에 밭쳐 수분을 뺀다.

쌈밥(4인분)

우리나라 사람들은 쌈 싸먹는 것을 좋아한다. 쌈밥은 쌈 채소나 해조류를 이용해 먹는 밥으로, 쌈 채소는 주로 상추, 케일잎, 양배추 등으로 이루어지나 계절에 따라 다양한 종류가 이용된다. 쌈밥에는 쌈장을 곁들이는데, 쌈장은 주로 된장과 고추장을 섞어서 만든다.

기본 재료

불린 쌀(30분 불린 것) 300g, 밥물 400g, 양배추 ¼통, 케일 100g, 쌈다시마 100g

쌈장 만들기

물 1컵, 양파 ½개(100g), 된장 1컵, 고추장 ¼컵, 고춧가루 1ts, 다진 파 2ts, 다진 마늘 1ts, 설탕 1Ts, 다진 쇠고기 100g, 표고버섯 2개(20g), 깨소금 1ts, 참기름 2ts

만드는 방법

쌈잎 데친 후 찬물에 행구기

1. 밥 짓기

- 30분 불린 쌀에 분량의 물을 넣고 밥을 고슬고슬하게 짓는다. 센 불에서 끓으면 5분 정도 두었다가, 약한 불로 줄여 뜸을 들여 밥을 짓는다.

2. 쌈채소 준비하기

- 양배추는 잎을 각각 떼어 15분간 찌거나 끓는 물에 데친 후 3×10㎝ 정도로 썬다.
- 케일은 줄기를 자르고, 살짝 데친 후 물기를 짜낸다.
- 다시마는 데친 후 건져서 3×10㎝ 정도로 썬다.

3. 쌈장 만들기

- 쇠고기, 표고버섯은 곱게 다진 후 양념한다.
- 블렌더에 물과 양파를 넣고 갈아 준다.
- 냄비에 참기름을 넣고, 쇠고기와 표고를 볶은 후 양파물을 붓고 된장, 고추장, 고춧가루를 넣고 끓인다.
- 파, 마늘, 설탕을 넣고 더 끓인다.
- 어느 정도 졸여지면 깨소금, 참기름 넣고 마무리한다. (잣, 호두 등의 견과류를 넣으면 좋다.)

4. 쌈밥 만들기

- 밥을 30g씩 떠서 한손에 꼭꼭 쥐어 초밥 만들 듯이 만든다.
- 양배추잎, 케일잎, 다시마로 밥을 말아서 쌈밥을 완성한다.

5. 접시에 담기

- 접시에 쌈밥의 색을 맞춰서 조화롭게 담고, 쌈장을 곁들인다.

요리 point!

1. 쌈장은 맛을 보면서 설탕을 가감한다. 양파즙이나 배즙으로 단맛을 내기도 한다.
2. 쌈장에 잣, 호두 등의 견과류를 넣어도 좋고, 두부를 으깨어 넣기도 한다.

파프리카고기버섯죽(4인분)

죽은 쌀을 이용한 가장 기본적인 조리·가공방법으로 죽은 농경사회에서 생겨난 곡물 음식의 원형이라고 할 수 있다. 죽에는 구황기능, 보양기능, 영양 기능, 환자식 기능, 다이어트 식이의 기능 등 여러 가지 기능을 갖고 있다. 죽은 곡류의 조리법에 따라 통으로 쑤는 죽으로 옹근죽이 있고, 곡류를 굵게 갈아서 쑤는 원미죽, 곡류를 완전히 곱게 갈아서 쑤는 무리죽 등이 있다. 파프리카 버섯 쇠고기 죽은 웰빙 시대에 맞춰 영양과 건강을 겸비한 아주 좋은 죽이다.

기본 재료

불린 쌀(2시간 정도 불린 쌀) 2컵, 쇠고기(다짐육) 200g, 당근 30g, 양파 30g, 빨강 파프리카 40g, 노랑 파프리카 40g, 새송이버섯 30g, 건표고버섯 20g, 미나리 20g, 대파 10g, 마늘 10g, 죽 끓일 물 12컵

쇠고기 밑간

간장 2ts, 설탕 1ts, 다진 파 ½ts, 다진 마늘 ¼ts, 깨소금·참기름·후춧가루 조금씩

죽 양념

간장 2Ts, 참기름 1Ts, 후춧가루 ¼ts

만드는 방법

1. 쌀 불리기

- 쌀은 깨끗이 씻은 후 2시간 정도 불린다.

2. 쇠고기 양념하기

- 쇠고기는 핏물 빼고 곱게 다진 후 쇠고기 밑간으로 양념한다.

3. 채소 손질하기

- 당근과 양파, 미나리를 곱게 다진다.
- 빨강 파프리카, 노랑 파프리카도 곱게 다진다.

4. 죽 끓이기

- 냄비에 참기름을 넣고 쌀을 볶는다.
- 쌀이 투명해지면, 양념한 쇠고기를 넣고 볶아 준다.
- 분량의 물 12컵을 넣고 죽을 끓인다.

5. 불조절하기

- 죽을 끓일 때 처음에는 센 불로 끓여 준다.
- 냄비 바닥에 쌀이 눌러 붙지 않게 나무 주걱으로 냄비 바닥까지 저어 주며 끓인다.
- 죽이 끓어오르기 시작하면 중약 불로 줄이고, 저어 주면서 끓인다.

6. 채소 넣기

- 죽이 거의 다 되어갈 무렵에 채소를 넣어 준다.
- 미나리 등의 푸른 채소는 불을 끄기 직전에 넣어 준다.

7. 간하기

- 죽 양념을 넣어 기본 간을 한다.

8. 그릇에 담기

- 그릇에 죽을 7부 정도 담고, 간장이나 소금을 따로 곁들인다.

불린 쌀 빻아주기

재료 다지기

냄비에 쌀 볶기

요리 point!

1. 죽 끓일 때 처음부터 정량의 물을 넣어 주어야 알맞은 죽의 농도를 맞출 수 있다.
2. 죽 끓일 때 물의 양은 불린 쌀의 5~9 배 정도로 한다.
3. 죽 끓이는 도중에 간을 보면, 죽이 삭을 수 있으므로, 죽의 간은 나중에 한다.
4. 푸른색의 채소는 오래 가열하면 색이 변하므로, 죽 완성 직전에 넣어 준다 .

닭고기수삼죽

닭가슴살 수삼 죽은 보양 기능을 갖고 있어, 여름철에 아주 좋은 죽이다. 한방에서는 닭의 성질과 열성의 삼과 찹쌀이 궁합이 맞는 재료의 조합이라고 표현하고 있다. 닭고기는 영양불량이나 기혈부족으로 얼굴색이 누렇고 허약한 체질에 적합하다. 인삼은 신체가 허약하고 말랐거나 기혈이 부족한 사람에게 유익, 심폐 기능부전으로 인한 가슴 두근거리는 증상에 좋고 기가 부족하거나 급박할 때 효과가 있다.

기본 재료

불린 찹쌀(2시간 정도 불린 쌀) 2컵, 닭가슴살 1쪽(150g), 찹쌀 볶을 참기름 ½Ts, 수삼 2뿌리 20g, 검은깨 1g, 소금 2ts, 죽 끓일 물 13컵

닭 밑간

소금 ½ts, 다진 생강 ½ts, 흰후춧가루 ¼ts

만드는 방법

1. 쌀 불리기

▸ 쌀은 깨끗이 씻은 후 2시간 정도 불린다.

2. 닭가슴살 삶기

- 죽 끓일 물 13컵 중 5컵을 덜어 내서 닭가슴살을 삶는다.
- 닭이 다 삶아지면 꺼내어 식힌 후 가늘게 찢은 후 닭 밑간으로 양념한다. 이때 닭 삶은 물은 버리지 않고 죽 끓일 때 사용한다.

3. 수삼 손질하기

- 수삼은 물에 살살 비벼 닦은 후 삼 위의 뇌부분은 잘라서 버린다.
- 수삼의 몸통은 잘게 다진다.
- 수삼의 뿌리 부분은 장식으로 2~3㎝ 정도 잘라서 남긴다.

4. 죽 끓이기

- 냄비에 참기름을 넣고 찹쌀을 볶는다.
- 쌀이 투명해지면 찢은 닭살, 닭 삶았던 물, 죽 끓일 물 나머지(남은 8컵)를 모두 넣고 끓인다.

5. 불조절하기

- 죽 끓일때 처음에는 센 불로 불을 조절한다.
- 냄비 바닥에 쌀이 눌러 붙지 않게 나무 주걱으로 냄비 바닥까지 저어 주며 끓인다.
- 죽이 끓어 오르기 시작하면 중약 불로 불 조절을 하고, 저어 주면서 끓인다.

6. 수삼 넣기

- 죽이 거의 다 되어갈 무렵에 수삼을 넣어 준다.

7. 간하기

- 분량의 소금을 넣어 기본 간을 한다.

8. 그릇에 담기

- 그릇에 죽을 7부 정도 담고, 검은깨와 수삼 뿌리로 장식한다.

불린 쌀 빻기

냄비에 쌀 볶기

요리 point!

1. 죽 끓일때 처음부터 정량의 물을 넣어 주어야 알맞은 죽의 농도를 맞출 수 있다.
2. 죽 끓일때 물의 양은 불린 쌀의 5~9배 정도로 한다.
3. 인삼은 열이 많은 사람은 좋지 않고, 예민한 사람이 먹으면 사포닌성분이 중추신경을 자극해 흥분작용을 하기에 심장이 두근거리고 혈압이 올라갈 수도 있다.

꽈리고추멸치볶음

꽈리고추멸치볶음은 밑반찬을 대표하는 반찬이다.

멸치는 단백질과 칼슘(Ca) 등 무기질이 풍부해서 어린이들의 성장 발육과 갱년기 여성들의 골다공증 예방, 태아의 뼈 형성과 산모의 뼈 성분 보충에 탁월한 식품이다. 꽈리고추는 비타민C가 많이 들어 있고, 캡사이신이라는 매운맛 성분이 들어 있어 다이어트에 효과적이며 식욕증진, 항산화 효과가 있다.

기본 재료

지리멸치 150g, 꽈리고추 100g, 식용유 ½컵

조림장 재료

간장 3Ts, 미림·설탕·식용유 각각 2Ts씩, 고추장 1Ts, 고춧가루 1ts, 물엿 4Ts, 다진 마늘 1ts, 다진 생강 ½ts, 참기름 1Ts, 통깨 1Ts

만드는 방법

1. 멸치 손질하기

▸ 멸치는 체에 넣어 가루를 털어 낸다.

2. 꽈리고추 손질하기

▸ 꽈리고추는 꼭지를 떼고 깨끗이 씻는다.

3. 멸치, 꽈리고추 1차 볶기

▸ 멸치를 식용유로 튀기듯이 볶는다.

▸ 멸치가 볶아졌으면 꽈리고추도 살짝 볶는다.

4. 조림장 끓이기

▸ 팬에 분량의 조림장 재료를 모두 넣고 끓인다.

5. 멸치 섞기

▸ 양념장이 거품이 일어날 때 볶은 멸치를 넣고 재빨리 섞는다.

6. 꽈리고추 넣기

▸ 양념이 잘 어우러졌을 때 꽈리고추를 넣어 섞어 주고 참기름, 통깨로 마무리한다.

7. 그릇에 담기

▸ 접시에 멸치와 꽈리고추를 담은 후 통깨를 솔솔 뿌려 준다.

꽈리고추 1차 볶은 것

조림장에 멸치 볶기

조림장에 꽈리고추 섞기

요리 point!

1. 조림장이 크게 거품이 나면서 끓을 때 멸치를 넣어 주어야 멸치가 불지 않고 맛이 있다.
2. 단단히 조려진 멸치가 싫으면 조림장에 물을 소량 첨가해서 조리해도 된다.
3. 꽈리고추가 길면 반으로 자르거나, 바늘 침을 넣어 양념이 잘 섞이게 한다.

돼지안심메추리알장조림

돼지 안심은 살코기가 풍부하고 냄새가 적다. 철분이 풍부하여 성장기 어린이와 노인에게 좋은 것으로 알려져 있다. 또한, 지방의 함량은 적고 단백질의 함량이 높아 칼로리가 낮기 때문에 성인병이나 비만인 사람, 치아가 약한 사람들에게도 좋다. 메추리알은 어린이 성장발육 촉진, 회복기 환자 치유에 좋다.

기본 재료

돼지 안심 600g, 메추리알 20개, 꽈리고추 150g

돼지고기 1차 삶을 물 6컵

돼지고기 2차 삶을 조림장

물 7컵, 진간장 1컵, 황설탕 4Ts,
청양고추 2개(또는 태국초 2g), 마늘 3쪽(20g),
생강 10g, 대파(푸른 부분) 10cm,
양파 ¼개(50g), 다시마 사방 10cm 1장,
통후추 5~6알

만드는 방법

돼지고기, 메추리알 삶아 내기

1. 준비와 손질하기

- 돼지고기는 4㎝ 정도의 길이의 결 방향으로 굵게 썰어 찬물에 담가 둔다.
- 꽈리고추는 꼭지를 떼고 씻은 후, 칼집을 넣는다.

2. 돼지고기 1차 삶기

- 냄비에 물 6컵을 넣고 끓인다.
- 물이 끓으면 썰어 놓은 돼지고기를 넣고 10분 정도 삶았다가 건진다.

3. 메추리알 삶기

- 메추리알은 5분 정도 삶은 후, 찬물에 넣어 식힌 후 껍질을 벗긴다.

4. 돼지고기 2차 삶기

- 돼지고기 2차 삶을 조림장에 돼지고기를 넣고 약 30분 정도 푹 삶고, 간장물만 남기고 모두 건져낸다.
- 고기는 식힌 후 결 방향대로 손으로 쭉쭉 찢어 둔다.

5. 완성하기

- 찢어 놓은 고기와 메추리알을 남겨놓은 간장물에 다시 넣어 5분 정도 끓인다. 불 끄기 직전에 꽈리고추를 넣어 한번 더 끓인다.

요리 point!

1. 돼지고기는 결 방향으로 가늘게 찢는다.
2. 꽈리고추가 길면 반으로 자르거나, 바늘 침을 넣어 양념이 잘 섞이게 한다.

닭봉조림

닭봉은 닭 날개 위쪽의 어깨로, 단백질이 풍부하고 육질이 연한 편이며, 지방은 적어 맛이 담백하다. 또 날개 부위에 비해 먹기 쉬워 아이들에게 인기가 높다. 튀김이나 조림에 이용하기에 알맞다.

기본 재료

닭봉 1㎏, 호박씨 ⅓컵, 호두 ⅓컵

닭봉 밑간

마늘 1ts, 생강 2ts, 카레가루 1ts, 미림 1Ts, 소금 1ts, 후춧가루 약간

조림장

물 2컵, 진간장 5Ts, 설탕 ½Ts, 카라멜 소스 ⅓Ts, 물엿 3Ts, 참기름 ½Ts

만드는 방법

조림장에 닭 조리기

물엿 넣어 마무리하기

1. 준비하기

- 닭봉은 양쪽에 칼집을 2번씩 내어 깨끗이 씻은 후 애벌로 삶아 기름을 뺀다.
- 기름 뺀 닭봉은 닭봉 밑간에 30분 정도 재어 둔다.
- 견과류는 굵게 다진다.

2. 만들기

- 팬에 식용유 넣고 달군 뒤 닭을 넣고 표면이 노릇노릇하게 익힌다.
- 냄비에 분량의 조림장과 닭을 넣고 조린다. (초기에는 화력을 세게 해서 조린다.)
- 조림장이 끓으면 약한 불로 줄이고 국물이 자작해질 때까지 조린다.

3. 마무리하기

- 물엿을 넣어 윤기나게 조린 후 국물이 거의 없어질 때 참기름을 넣어 주고 불을 끈다.
- 조리된 닭봉에 다진 견과류 넣어 골고루 묻힌다.
- 접시에 담는다.

요리 point!

1. 닭봉을 튀기거나 쪄서 해도 된다.
2. 조리된 닭 뼈에 양념이 묻혀 있으므로, 집기 편하게 쿠킹호일로 뼈를 감싸 준다.

아삭이고추된장무침

아삭이고추는 일명 오이고추 라고도 한다. 아삭이고추는 풋고추와 피망의 교잡을 통해 만들어진 품종으로 과피가 질기지 않고 부드러운 데다 육질이 치밀해 씹는 느낌이 좋다. 아삭이고추에 함유된 베타카로틴 성분은 암을 억제하는 항암효과가 뛰어나고, 캡사이신 성분은 다이어트에 효과적이다. 고추는 장운동을 촉진시켜주며 성인병 예방과 면역력 증진의 효능도 있다. 만들기 간편하고, 영양가도 높아 가정에서 만들기 쉽다.

기본 재료

아삭이고추(보통 크기) 300g

무침장

된장 3Ts, 고추장 1Ts, 고춧가루 ½Ts, 올리고당 2Ts, 참기름 ½Ts, 다진 파 1Ts, 다진 마늘 ½Ts, 통깨 ½Ts

만드는 방법

1. 재료 준비하기

- 아삭이고추는 깨끗히 씻는다.

2. 재료 썰기

- 깨끗이 씻은 아삭이고추는 1cm 정도로 자른다.

3. 무침장 만들기

- 된장 3Ts, 고추장 1Ts, 고춧가루 ½Ts, 올리고당 2Ts(또는 매실청 2Ts), 참기름 ½Ts, 다진 파 1Ts, 다진 마늘 ½Ts, 통깨 ½Ts을 섞어서 무침장을 만든다.

4. 버무리기

- 식사하기 직전에 무침장과 아삭이고추를 넣고 살살 버무린다.

요리 point!

1. 아삭이고추와 무침장을 미리 버무려 놓으면 물기가 생기므로 식사하기 직전에 버무린다.

불고기샐러드(4인분)

불고기는 한국인이면 누구나 좋아하고, 외국인에게도 인기가 높은 한국음식이다. 요즈음에는 식생활 수준이 높아지고,국민 소득의 증가로 인해 과체중과 성인병이 유발되는 사람이 많다. 불고기에 여러 가지 채소를 넣어 먹음으로써 맛도 있고, 건강에도 도움이 될 것이다.

기본 재료

쇠고기(불고깃감으로 썰어서) 600g, 건표고버섯 3개, 당근 50g, 빨강 파프리카 200g, 노랑 파프리카 200g, 미나리 50g, 깻잎 4장, 배 100g, 어린 새싹 20g, 채소 볶을 식용유 적당량

쇠고기 연육 재료

설탕 2Ts, 키위 퓌레 20g(½개)

쇠고기 양념

간장 2Ts, 미림 1Ts, 다진 파 1Ts, 다진 마늘 1Ts, 참기름 1Ts, 후춧가루 ¼ts

간장 양념

간장 1Ts, 미림 1Ts, 다진 파 1Ts, 다진 마늘 ½Ts, 참기름 1Ts, 후춧가루 ¼ts

소스

간장 3Ts, 식초 3Ts, 설탕 2Ts, 과일즙 또는 물 1Ts, 발효 겨자 1ts, 다진 마늘 ½ts

당근 절임재료

소금 ½ts

만드는 방법

채소 썰기

1. 쇠고기 연육 시키기

- 쇠고기는 핏물을 빼고 쇠고기 연육 재료를 넣고 30분 정도 둔다.

2. 쇠고기 양념하여 볶기

- 연육한 불고기는 쇠고기 양념을 넣고 양념한다.
- 프라이팬을 달군 후 센 불에서 쇠고기를 물기 없이 볶는다.

3. 겨자 발효하기

- 겨자는 미지근한 물에 갠 후, 따뜻한 곳에서 20분 정도 두어 발효시킨다.

4. 채소 준비하기

- 배는 1.2×5㎝ 길이로 채 썬다.
- 깻잎은 채 썬 후 찬물에 5분 정도 담갔다가 건져서 물기를 제거한다.
- 빨강 파프리카, 노랑 파프리카도 길이 5㎝로 채 썬다.
- 표고버섯은 불렸다가 가늘게 채 썬 후 간장 양념하여 물기 없이 볶는다.
- 당근은 길이 5㎝로 채 썬 후 소금에 살짝 절이고, 팬에 식용유를 두르고 센 불에서 물기 없이 볶는다.
- 어린 새싹은 씻어서 물기를 뺀다.

5. 겨자 소스 준비하기

- 발효된 겨자와 분량의 소스재료를 넣고 소스를 만든다.

6. 그릇에 담기

- 커다란 그릇에 익힌 불고기와 채소를 옆옆이 담고, 그 위에 어린 새싹을 올린다.

7. 소스 곁들이기

- 준비된 소스를 곁들인다.

요리 point!

1. 불고기를 소스에 버무려 먹는 것이므로 쇠고기의 간을 심심하게 한다.
2. 웰빙시대에 맞춰 쇠고기와 채소를 같이 먹을 수 있는 맛있는 한식 요리이다.

닭가슴살승검초샐러드

닭가슴살은 담백하면서 칼로리가 낮아 다이어트에 도움이 된다. 승검초는 당귀의 잎을 말하는데, 승검초는 예로부터 혈액순환을 좋게 하며 여성의 생리조절작용이 뛰어나고 산전, 산후질환에 쓰인다. 승검초 잎은 조혈, 소염, 진통, 항균작용이 있고 간기능 보호 및 항암작용도 있다고 한다. 양상추의 섬유질은 변비를 해소하고 구취를 없애며 뇌나 신경조직의 신진대사를 활발하게 해 불면증이나 불안증에도 효과적이다.

기본 재료

닭가슴살(보통크기) 400g, 승검초 잎 30g, 양상추 100g, 양파 50g, 방울토마토 4개

닭고기 밑간

소금 ½Ts, 미림 1Ts, 다진 생강 1ts, 흰후춧가루 ½Ts

소스

채종유(해바라기, 포도씨유 등) 5Ts, 설탕·식초 각각 5Ts, 꽃소금 1Ts, 풋고추 1개, 홍고추 1개, 마늘 7g

만드는 방법

1. 닭가슴살 밑간하기

▸ 닭은 가슴살(안심)로 준비하여 닭고기 밑간에 20분 정도 둔다.

2. 채소 손질하기

▸ 승검초 잎은 1㎝ 정도로 썬다.

▸ 양상추는 손으로 뜯어 찬물에 10분 정도 담갔다가 건진다.

▸ 양파는 가늘게 채 썬다.

▸ 방울 토마토는 반으로 자른다.

3. 소스만들기

▸ 블렌더에 분량의 소스 재료를 넣고 갈아 준다.

4. 닭가슴살 찌기

▸ 찜기에 물을 넣고 팔팔 끓인다.

▸ 물이 끓으면 닭가슴살을 넣고 10분 정도 찐다.

5. 닭가슴살 찢기

▸ 잘 쪄진 닭가슴살은 식혀서 가늘게 찢는다.

6. 그릇에 담기

▸ 접시에 닭가슴살과 채소를 엿엿이 담는다.

7.소스 뿌리기

▸ 닭가슴살 샐러드를 먹기 직전에 소스를 뿌린다.

닭가슴살 밑간하기

닭가슴살 찌기

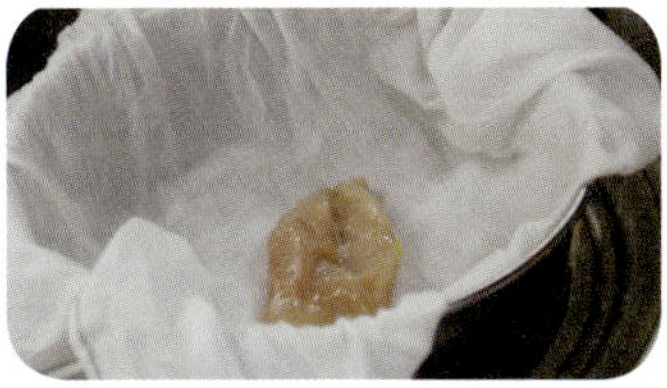

요리 point!

1. 찜기 내의 물이 완전히 끓을 때 닭가슴살을 넣고 쪄야, 맛과 영양이 좋다.
2. 샐러드에 소스를 미리 뿌리면 채소가 숨이 죽어 버리므로 먹기 직전에 소스를 뿌린다.
3. 소스를 만들어 놓으면 채종유와 식초가 분리되므로, 용기에 담아 먹기 직전에 용기를 흔들어 잘 섞은 후 뿌린다.

두부두루치기

두부는 '밭에서 나는 쇠고기' 인 콩으로 만든 음식으로, 단백질이 풍부하다. 두루치기는 육류나 해산물 등의 재료에 여러가지 채소를 넣어 볶은 요리를 말한다. 돼지고기와 김치를 볶아서 두부와 같이 곁들이는 두부두루치기는 한국인이 좋아하는 음식중의 하나이다.

기본 재료

두부 200g, 김치 200g, 돼지고기(불고기용으로 썰어서) 300g, 깻잎 10장, 홍고추 1개, 풋고추 1개

돼지고기 양념

고춧가루 3Ts, 고추장 2Ts, 간장 2Ts, 미림 1Ts, 설탕 1Ts, 다진 마늘 1Ts, 다진 생강 ½Ts, 후춧가루 ¼ts, 참기름 ½Ts, 통깨 ½Ts

만드는 방법

1. 두부 손질하기

- 두부는 4×5×1㎝ 정도로 썰어서 끓는 물에 3초간 데쳐 낸다.

2. 김치 자르기

- 김치의 속을 털어낸 후 한입 크기로 썬다.

3. 돼지고기 밑간하기

- 돼지고기는 불고기용으로 썰어서 핏물을 뺀 후 돼지고기 양념으로 밑간한다.

4. 채소 썰기

- 깻잎 10장은 씻은 후 줄기만 잘라 낸다. 나머지 깻잎은 채 친다.
- 홍고추는 링으로 5개 정도 썰고, 나머지는 어슷썰기 한다.
- 풋고추도 링으로 5개 정도 썰고, 나머지는 어슷썰기 한다.

5. 돼지고기, 김치 볶기

- 팬에 식용유를 넣고 달군 뒤 센 불에서 돼지고기를 넣고 익힌다.
- 돼지고기가 거의 다 익을 무렵에 김치를 넣어 볶아 준다.

6. 그릇에 담기

- 접시의 가장자리에 깻잎을 돌려 가며 담는다.
- 깻잎 위에 두부를 올려 놓는다.
- 가운데에 돼지고기와 김치 볶은 것을 담는다.

7. 장식하기

- 두부 위에 홍고추링과 풋고추링을 교대로 올려 준다.

두부 삶아 내기

돼지고기, 김치 볶기

접시에 깻잎, 두부 담기

요리 point!

1. 돼지고기는 단백질의 함량이 많고, 비타민B_1이 풍부하다. 대체로 연하고 지방질이 많아 열량을 손쉽게 얻을 수 있는 식품이므로 여러 가지 요리에 폭넓게 이용된다. 다만 덜 익은 돼지고기에는 갈고리촌충 등의 기생충 감염의 염려가 있으므로 날로 먹는 일은 피하고 반드시 충분히 익혀서 먹어야 한다.

연근떡갈비

떡갈비는 쇠고기 갈빗살을 여러 번 곱게 다져서 소갈비뼈에 붙여서 만드는 음식이다. 맛과 영양이 매우 뛰어난 음식이다. 요즈음은 갈비뼈 대신 연근이나, 마 또는 아스파라거스 등을 이용해 떡갈비를 만들기도 한다.

기본 재료

쇠갈빗살(다진 것) 400, 돼지고기(다진 것) 400g, 연근 300g, 빵가루 1컵, 양파 400g, 밀가루 ½컵, 떡갈비 익힐 식용유 적당량, 잣 1Ts, 대추 2개, 호박씨 1Ts

고기 양념

간장 2Ts, 미림 1Ts, 다진 파 ½Ts, 다진 마늘 ½Ts, 깨소금·참기름·후춧가루 조금

떡갈비 조림장

물 4컵, 간장 5Ts, 설탕 2Ts, 미림 1Ts, 물엿 3Ts, 참기름 1Ts

만드는 방법

1. 쇠고기 돼지고기 손질하기

- 고기는 핏물 뺀 후 곱게 다진다.
- 핏물 뺀 고기는 고기 양념으로 밑간한다.

2. 양파 썰어 볶기

- 양파는 곱게 다진 후 센 불에서 물기 없이 볶은 후 식힌다.

3. 연근 손질하기

- 연근은 갈비뼈 크기로 길이 6㎝, 폭 2.5㎝ 정도로 굵게 썰은 후 식초 물에 10분 정도 담갔다가 꺼낸다.

4. 고기 양파 섞기

- 고기, 양파, 빵가루를 섞어서 여러 번 치대어 10등분으로 나눈다.

4. 연근 떡갈비 모양 만들기

- 연근의 끝부분에 밀가루를 바르고, 고기를 붙인다.

5. 떡갈비 익히기

- 팬에 식용유를 두르고 연근떡갈비를 익힌다. 이때 뚜껑을 닫고, 약한 불에서 타지 않게 익힌다.
- 고기 밑면이 노릇노릇하게 구워졌으면 뒤집어서 다시 노릇노릇하게 익혀서 꺼낸다.

6. 떡갈비 조림장에 조리기

- 냄비에 떡갈비 조림장 재료를 넣고 반이 될 때까지 졸인다.
- 조림장이 걸쭉하게 되면 떡갈비를 넣고 윤기나게 조린다. 이때는 냄비의 뚜껑을 열고 조린다.

7. 대추, 호박씨 손질하기

- 대추는 씨를 빼고 밀대로 밀어 납작하게 한 후 돌돌 말아서 꽃모양으로 썬다.
- 호박씨는 길이로 반 가른다.

8. 떡갈비 담기

- 접시에 떡갈비를 담고, 대추, 잣, 호박씨로 장식한다.

양파 볶기

분할한 떡 갈비

떡갈비에 연근 끼우기

요리 point!

1.밀가루는 접착제 역할을 하므로 쇠고기와 연근 사이에 꼭 발라 준다.

오징어순대

오징어순대는 작은 오징어를 선택하여 그 몸통에 다리와 여러가지 재료를 소로 채워 쪄낸 일종의 순대와 비슷한 강원도의 대표적인 토속음식이다. 오징어는 피로 회복 및 각종 성인병 예방, 기억력 향상, 노화 방지 등의 기능이 있다. 특히 오징어의 껍질이나 오징어 표면의 흰 가루에는 타우린이 풍부하게 함유되어 있다. 타우린은 피로 회복뿐만 아니라 혈액을 맑게 해주고, 혈액 순환이 원활하게 되도록 도와주어 고혈압, 뇌졸중, 동맥경화 등의 각종 성인병을 예방하는 데도 도움이 된다.

기본 재료

오징어(작은크기) - 1마리, 쇠고기 - 50g, 두부 - 30g, 건표고버섯 - 2개, 당근 - 10g, 홍고추 - 1개, 밀가루 - 6Ts, 달걀흰자 - 20g, 소금 - ½ts, 후춧가루 - ¼ts, 참기름 - 1ts, 다진 마늘 - 1ts, 다진 파 - 1ts, 다진 생강 - ½ts

만드는 방법

1. 오징어 손질하기

- 오징어는 손바닥 크기의 작은 것으로 골라 몸통과 다리를 분리해 껍질을 벗긴다.

2. 오징어 데치기

▸ 오징어는 끓는 물에 살짝 데쳐내어 몸통은 물기를 빼고 다리는 곱게 다진다.

3. 쇠고기, 두부 손질하기

▸ 쇠고기는 곱게 다지고 두부도 물기를 꼭 짜서 다진다.

4. 채소 손질하기

▸ 건표고버섯은 따뜻한 물에 불려 기둥을 떼고 갓은 곱게 다지고 당근, 풋고추, 홍고추도 손질하여 다진다.

5. 양념하기

▸ 다져 놓은 오징어 다리와 3, 4를 섞어 고루 양념한다. (이때 응고제 역할을 하는 달걀흰자를 섞는다.)

6. 오징어 순대 만들기

▸ 오징어 몸통 속에 밀가루를 솔솔 뿌리고 5의 양념으로 속을 채운 다음 꼬치로 입구를 막아 준다.

7. 오징어 순대 찌기

▸ 오징어 전체 몸을 바늘로 찔러 구멍을 내고 김이 오른 찜통에 10분간 쪄낸 후 식혀서 보기 좋게 썰어 접시에 담는다.

오징어 몸통에 밀가루 바르기

오징어 다리 다지기

속 재료 섞기

오징어 몸통 안에 소 넣기

꼬치로 오징어 꿰어 주기

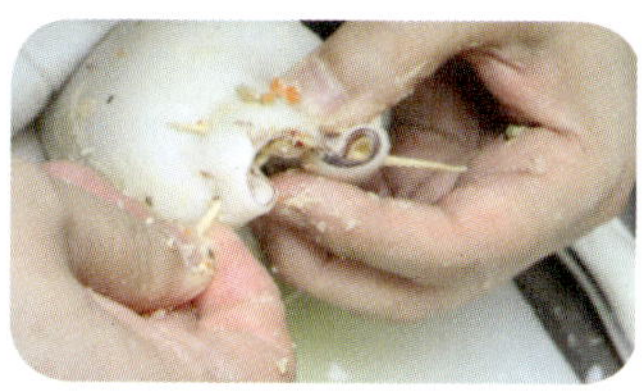

오징어 찌기

요리 point!

1. 소를 넣은 후 찌기 전에 오징어 몸통 전체에 바늘침을 주어서 쪄내어야 익으면서 순대 속에 생기는 수분이 밖으로 빠져 나온다.
2. 오징어순대를 쪄서 완전히 식은 후에 썰어야 모양이 예쁘다.

코다리무조림

코다리는 가공 상태에 따라 다양한 이름을 갖는 명태의 한 종류이다. 내장을 뺀 명태를 반건조 시킨 것을 코다리라고 하는데 지방 함량이 낮고 쫄깃한 식감으로 그 맛이 일품이다. 코다리는 간을 보호하며 다이어트에도 좋다.

기본 재료

코다리 2마리, 무 200g, 홍고추 1개, 풋고추 1개, 다시마 10㎝

무조림 양념

무 볶을 식용유 적당량, 고춧가루 1Ts, 간장 1Ts, 다진 마늘 1Ts, 육수 ½컵

전체 조림장

육수 1컵, 간장 2Ts, 고춧가루·미림 1Ts씩, 다진 파·다진 마늘 1Ts씩, 다진 생강 ½Ts, 깨소금·설탕 ½Ts씩, 참기름·소금·후춧가루 약간씩

만드는 방법

1. 코다리 손질하기

- 코다리는 가위로 머리를 자르고, 등지느러미, 배지느러미, 꼬리 지느러미도 자른 후 깨끗이 씻는다.
- 지느러미 자른 코다리는 가위로 3등분하여 자른다.

코다리 손질하기

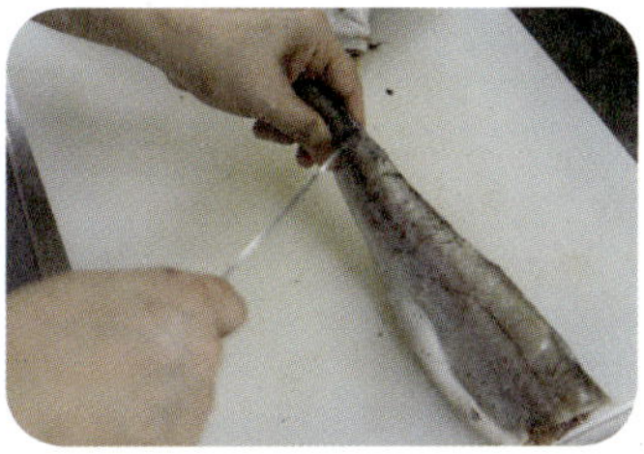

2. 무, 고추 손질하기

- 무는 한입 크기로 썬다.
- 고추는 씨를 털고 어슷썰기 한다.

무 익히기

3. 육수 만들기

- 코다리 머리와 다시마물을 넣어 끓여서 육수를 만든다.

4. 무 조림장 만들기

- 무조림 양념을 섞어 무 조림장을 만든다.

5. 전체 조림장 만들기

- 전체 조림장을 섞어 분량의 코다리 조림장을 만든다.

익은 무위에 코다리 올리기

6. 만드는 방법

- 팬에 식용유를 살짝 두르고 무를 넣어 익힌다. 이때 계량해 둔 무 조림 양념 재료를 부어서 무를 익힌다.
- 무가 어느 정도 익으면 코다리를 얹어서 전체 조림장 재료를 넣고 조린다.
- 처음에는 센 불로 놓다가 끓기 시작하면 약한 불로 놓고, 수저로 양념을 뿌려 주면서 익힌다.
- 다 익으면 접시에 담는다.

요리 point!

1. 코다리 표면의 이물질을 칼로 잘 긁어낸다.
2. 코다리 껍질 쪽에 칼집을 넣어 주면, 조리 후 코다리가 덜 줄어든다.

간장족발

족발은 돼지의 족(발)을 삶아서 양념장에 조린 음식으로 비타민 B1과 B2가 풍부하다. 족발은 모유 분비를 촉진시키고, 노화 방지에 도움을 주고 콜라겐이 풍부하여 피부미용에도 좋다.

기본 재료

돼지 장족(앞다리 1대) 1.8kg

족발 1차 삶기

물-15컵

족발 2차 삶기

물-25컵

족발 2차 삶을 때 들어갈 향신료 및 재료

월계수 잎 2장, 팔각 4개, 계핏가루 1ts,
사과 1개, 마늘 15g, 생강 10g, 된장 2Ts

족발 조림장

족발 2차 끓인물 4컵, 진간장 3Ts, 황설탕 1Ts, 미림 1Ts, 물엿 2Ts

만드는 방법

1. 족발 손질하기

- 정육점에서 족발 1대를 구입하여 3~4등분(7~10㎝ 정도)으로 잘라온다.
- 발가락 사이에 칼집을 넣고 다듬고, 불순물과 털을 제거한다.
- 찬물에 8시간 정도 담가 핏물을 뺀다.

2. 족발 1차 삶기

- 냄비에 족발이 충분히 잠길 정도의 물(15컵)을 붓고 팔팔 끓인다. 물이 끓으면 족발을 넣고 20분 정도 삶아서 건져서 찬물에 씻는다.

3. 족발 2차 삶기

- 물 25컵에 분량의 향신료를 넣고 끓인다. 물이 끓으면 족발을 넣고 센 불에서 1시간 정도 삶는다. 이때 냄비 뚜껑은 닫는다.

4. 조림장 만들기

- 체에 거른 족발 삶은 국물 4컵에 진간장, 황설탕, 미림을 넣어 족발 조림장을 준비한다.

5. 족발 조리기

- 분량의 조림장과 삶아진 족발을 냄비에 넣고 색이 나도록 조린다. 이때는 냄비 뚜껑을 열고 국자나 수저로 국물을 끼얹어 주면서 조린다.
- 국물이 거의 없어질 때 물엿을 넣어 윤기나게 조린다.

6. 접시에 담기

- 족발이 식으면 한입 크기로 썰어서 접시에 담고 새우젓, 부추, 상추, 쌈장 등을 곁들인다.

족발 1차 삶기

족발 2차 삶기

족발 양념장에 조리기

요리 point!

1. 족발을 먹을 때 부추나 상추를 곁들이면 좋다.
2. 간장 족발을 이용하며 요즈음은 마늘 족발, 매운 족발 등으로 하기도 한다.

부록

1. 한식조리 국가기술자격검정 안내

2. 기초편

부록 1

한식조리 국가기술자격검정 안내

1. 실시기관명

한국기술자격검정원(http://www.ktitq.or.kr/)

2. 출제경향

요구작업내용	지급된 재료를 갖고 요구하는 작품을 시험 시간 내에 1인분을 만들어내는 작업
주요평가내용	- 위생상태(개인 및 조리과정) - 조리의 기술(기구취급, 동작, 순서, 재료 다듬기 방법) - 작품의 평가 - 정리정돈 및 청소

3. 취득방법

시행처	한국기술자격검정원(http://www.ktitq.or.kr/)
시험과목	필기: 1. 식품위생 및 법규/2. 식품학/3. 조리이론과 원가계산/4. 공중보건 실기: 한식조리작업
검정방법	필기: 객관식 4지 택일형, 60문항(60분) 실기: 작업형(70분 정도)
합격기준	필기&실기: 100점을 만점으로 하여 60점 이상
응시자격	제한 없음

4. 실기시험 안내

가. 실기시험 진행방법

① 실기시험 일시와 장소는 시행 5일 전에 해당 지방사무소에 게시 공고된다.

② 수검자는 자신의 수검번호와 시험날짜 및 시간, 장소를 정확히 확인하여 지정된 시간 30분 전에 시험장에 도착하여 수검자 대기실에서 기다린다.

③ 출석을 확인한 후 등번호를 배정받고 감독위원의 지시에 따라 시험장에 입실한다.

④ 배정받은 등번호와 같은 번호의 조리대에 준비되어 있는 조리기구와 수검자 준비물을 정리·정돈하고 차분한 마음으로 시험을 준비한다.

⑤ 지급재료 목록표와 재료를 지급받으면 차이가 없는지 확인하여 차이가 있으면 시험위원에게 알려 시험이 시작되기 전에 조치를 받도록 한다.

⑥ 수검자 요구사항을 충분히 숙지하여 정해진 시간 내에 지정된 조리작품을 만들어 내도록 한다.

나. 시험장에서의 주의사항

① 검정시험은 지정된 것을 사용해야 하며 재료를 시험장 내에 지참할 수 없다.

② 시험장 내에서는 정숙하여야 한다.

③ 지정된 장소를 이탈할 경우 감독위원의 사전 승인을 받아야 한다.

④ 조리기구 중 가스레인지 및 칼 등을 사용할 때에는 안전을 유념하여야 한다.

⑤ 재료는 1회에 한하여 지급되며 재지급은 하지 않는다. 다만, 검정시행 전 수검자가 사전에 지급된 재료를 검수하여 불량재료 또는 지급량이 부족하다고 판단될 경우에는 즉시 시험위원에게 통보하여 교환 또는 추가 지급받도록 한다.

⑥ 지급된 재료는 1인분의 양이므로 주재료 전부 사용하여 조리하여야 한다.

⑦ 감독위원이 요구하는 작품이 두 가지인 경우도 두 가지 요리를 모두 선택분야별로 지정되어 있는 표준시간 내에 완성하여야 한다.

⑧ 요구 작품이 두 가지인 경우 한 가지 작품만 만들었을 경우에는 미완성으로 채점대상에서 제외된다.

⑨ 불을 사용하여 만든 조리작품이 불에 익지 않은 경우에는 미완성으로 채점대상에서 제외된다.

⑩ 검정이 완료되면 작품을 감독위원이 지시하는 장소에 신속히 제출해야 한다.

⑪ 작품을 제출한 다음 본인이 조리한 장소와 주변 등을 깨끗이 청소하고 조리기구 등은 정리·정돈한 후 감독위원의 지시에 따라 시험실에서 퇴장한다.

5. 실기 시험준비물 안내

지참 공구명	규격	단위	수량	비고
위생복	흰색	벌	1	
위생모(머릿수건)	흰색	개	1	
앞치마	흰색	개	1	
칼, 과도	일반 조리용 칼	개	각 1	
숟가락, 나무젓가락		벌	각 1	
강판		개	1	
계량컵, 계량스푼	200㎖, 큰술(Ts), 작은술(ts)	세트	1	
밀대		개	1	
위생타월(종이)		매	5	
국 대접, 공기		개	각 2	
위생비닐		개	1	
면 행주		매	5	
프라이팬		개	1	

6. 실기시험 채점 기준표

가. 공통 채점

과목	세부항목	항목별 채점방법	배점
위생상태	위생복 착용 및 개인위생상태	위생복을 착용하고 개인 위생상태가 좋으면 3점, 불량하면 0점	3
조리과정	조리순서 및 재료, 기구 등 취급상태	일반적인 전체 조리순서가 맞고 재료 및 기구 취급상태가 숙련되었으면 4점, 조리순서는 맞으나 재료 및 기구 취급상태의 숙련이 약간 미숙하면 2점 조리과정이 전반적으로 미숙하면 0점	4
정리정돈상태	정리정돈 및 청소	지급된 기구류 등과 주위 청소 상태가 양호하면 3점, 불량하면 0점	3

나. 조리기술 및 작품평가

과목	세부항목	채점방법	배점
조리기술	조리방법	조리기술의 숙련도에 따라	3
작품평가	작품의 맛, 색, 그릇에 담기	작품의 맛과 빛깔, 모양에 다라	

*실기시험은 대체로 두 가지 작품이 주어지므로 합계 100점 만점이다.

부록 2

기초편

매일매일 하루 세 번씩 차려야 하는 식탁을 좀 더 쉽게, 좀 더 맛있게 차릴 수 있는 노하우.

밥숟가락과 종이컵만 있으면 되는 계량법부터 미리 만들어 두고 어디에나 활용할 수 있는 양념과 즙, 육수까지, 음식의 맛과 멋을 한층 높여 주는 비법을 안내한다.

계량법

요리를 하기 위해 기본적으로 알아야 할 사항이 바로 계량법이다. 계량 방법이 정확하지 않으면 레시피는 같아도 각양각색의 맛을 내게 되기 때문에 계량은 요리의 핵심이라고 할 수 있다. 계량스푼을 사용한 정확한 계량방법은 다음과 같다.

계량컵

- 계량컵은 200㎖를 기준으로 1컵이라고 한다. 계량컵이 없을 때는 200㎖ 우유팩을 이용해서 우유가 들어 있던 부분에 눈금을 그어 사용하는 방법과 일반 크기의 종이컵에 물 200㎖를 부어 해당하는 부분에 눈금을 그어 사용하는 방법도 있다.

- 똑같은 1컵이라고 하더라도 이것을 무게로 잴 때, 물은 200g이지만 밀가루는 더 가볍고 기름은 더 무겁다. 그러므로 레시피에서 부피와 무게를 같은 개념으로 이해하는 것은 피해야 한다. 하지만 기본 양념 중 식초나 간장과 같은 액체는 물과 거의 동량으로 보아도 좋다.

- 계량을 할 때 위에서 아래를 보고 하면 정확도가 떨어지므로 반드시 눈높이를 눈금에 맞춰 계량하는 습관을 들여야 한다. 밀가루를 계량할 때는 밀가루를 체에 쳐 공기의 포집을 일정하게 한 뒤 눌리거나 뭉치지 않도록 숟가락으로 담아 위를 수평으로 깎은 뒤에 계량한다. 버터나 흑설탕처럼 덩어리가 지기 쉬워 컵에 담을 때 중간에 공간이 생기는 재료들은 꼭꼭 눌러서 계량해야 한다.

컵으로 계량하기

액체 분량 재기

계량컵 1컵

종이컵 1컵

계량컵 ½컵

종이컵 ½컵

가루 분량 재기

계량컵 1컵

종이컵 1컵

계량컵 ½컵

종이컵 ½컵

계량스푼

- 시판되는 계량스푼은 보통 1Ts, 1ts, ½ts, ¼ts로 구성되어 있고, 양쪽으로 Ts와 ts가 달려 있는 간단한 형태의 계량스푼도 있다.
- 큰술은 영어로 Table spoon(테이블스푼)이라고 하며 실제로 밥을 먹을 때 식탁(Table)에서 사용하는 숟가락(spoon)을 기준으로 만들었다고 한다. 물을 넣어 계량했을 때 15cc를 한 큰술이라 한다. 작은술은 영어로 Tea spoon(티스푼)이라 하며 말 그대로 차(tea)를 마실 때 사용하는 숟가락을 기준으로 만든 것으로 분량은 1Ts의 ⅓에 해당하는 5cc이다.
- 계량컵이나 계량스푼을 사용할 때 가장 중요한 것은 마치 물이 담겨져 있을 때와 마찬가지로 윗면을 언제나 평평하게 깎아 사용하는 것을 명심해야 한다.

스푼으로 계량하기

가루 분량 재기

계량스푼 1Ts

밥숟가락 1Ts

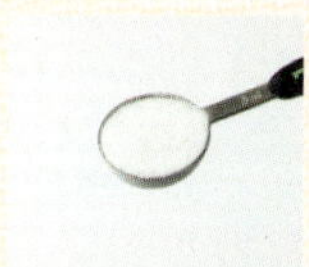
계량스푼 1ts

밥숟가락 1ts

액체 분량 재기

계량스푼 1Ts

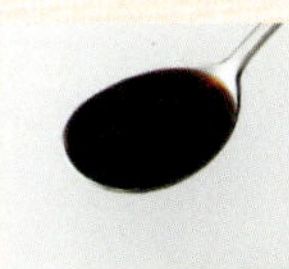
밥숟가락 1Ts

계량스푼 1ts

밥숟가락 1ts

장류 분량 재기

계량스푼 1Ts

밥숟가락 1Ts

계량스푼 1ts

밥숟가락 1ts

다진 재료 분량 재기

계량스푼 1Ts

밥숟가락 1Ts

계량스푼 1ts

밥숟가락 1ts

그 외 알아두기

- **약간** 소금이나 후춧가루 등을 약간 넣는다는 것은 엄지와 검지로 살짝 집은 정도를 말한다.
- **필수 재료** 필수 재료는 음식을 만들기 위해 꼭 필요한 재료를 말한다.
- **선택 재료** 선택 재료는 있으면 좋지만 기본적인 맛을 내는 데는 크게 영향을 끼치지 않는 재료를 말한다. 비슷한 재료로 바꾸거나 생략이 가능하다.
- **양념** 설탕, 식초, 간장, 다진 마늘, 고추장 등 요리의 맛을 내기 위해 쓰이는 재료를 말한다.
- **'+'표시의 의미** 양념장, 소스 등 음식을 만들기 전에 미리 섞어 놓으면 좋은 양념이다. 미리 섞어 두면 숙성되면서 맛이 어우러져 더 깊은 맛을 내게 된다.

김수진의 기본양념 소개

한식요리에서 빼놓을 수 없는 기본 양념은 무엇이 있을까? 맛이나 숙성 과정에서 약간씩 차이가 있는 재료의 쓰임새를 확실히 알고 요리에 활용하면 더 맛있는 요리를 만들 수 있다.

간장

조선간장 탈지대두와 소맥을 이용하는 일본식 간장 제조방식으로 만들어지는 진간장이나 양조간장과는 달리 100% 콩과 소금만을 이용하여 한국 전통방식으로 만드는 간장을 조선간장이라고 한다. 염도가 높고 색깔이 엷어서 음식 본래의 색을 유지하면서 국물 요리나 무침 요리에 간을 맞출 수 있게 해 준다.

양조간장 양조간장은 탈지대두와 소맥을 사용하여 장시간 발효, 숙성시켜 만드는 간장으로 장기간 발효하는 과정에서 형성되는 맛과 향이 풍부하다. 양조간장은 진간장처럼 써도 무방하나 부침개를 찍어 먹거나 회를 먹을 때처럼 생으로 먹는 요리에 더욱 좋다.

진간장 진간장은 아미노산의 시간적, 영양학적 손실을 최소화하기 때문에 감칠맛이 뛰어나고 열을 가해도 맛이 잘 변하지 않는 특성이 있다. 그래서 볶음이나 찜처럼 음식에 열을 가해야 하는 경우에 진간장을 쓰는 것이 좋다.

맛간장 맛간장은 파, 양파, 마늘, 다시마, 사과, 배 등 10가지 갖은양념과 과일을 달여 요리의 풍미를 살려 주는 조림·볶음용 간장이다.

저염간장 저염간장은 기존 간장보다 염도는 25% 정도 낮추고, 현대인들에게 부족하기 쉬운 미네랄을 보충한 웰빙간장이다. 염도를 낮춰 자극적이지 않고 맛이 부드러워 염도조절이 필요한 식단에 좋으며 일반간장과 동일한 양으로 사용하면 된다.

된장

재래식 된장 콩으로 빚은 메주를 띄워 오랫동안 숙성, 발효시킨 것으로 특유의 구수함과 담백한 맛이 특징이며 찌개, 국, 부침 등에 사용한다.

쌈장 된장에 고춧가루, 고추장, 다진 파, 다진 마늘, 매실청 등 갖은 양념을 하여 만든 장이다. 멸칫가루나 새우가루를 넣어 양념하여도 좋다. 채소쌈이나 생선회에 곁들여도 좋다.

고추장

고추장 고운 고춧가루에 끓인 찹쌀풀과 엿기름물, 메줏가루, 천일염을 넣고 잘 혼합하여 숙성, 발효시킨 장이다. 찌개나 비빔장, 무침 등에 사용한다.

청양고추장 청양고춧가루로 담근 고추장으로 매콤하고 칼칼한 맛이 특징이다. 매콤한 해물찜이나 매운탕과 볶음 등의 매운 요리에 사용한다.

고춧가루

고운 고춧가루 고추장, 양념장, 물김치, 국·찌개류 등 고운 색을 내야할 때 주로 사용한다.

굵은 고춧가루 김치를 담글 때나 양념장 등에 사용한다.

청양고춧가루 매운 고춧가루로서 김치, 양념장, 국·찌개류 등에 사용한다.

중간 굵기 고춧가루 김치와 깍두기, 반찬, 국·찌개류 등 다양하게 사용한다.

기름

참기름 참깨를 볶아 짜서 만든 기름으로, 진유라고도 한다. 고소한 맛이 나며 강한 향 때문에 소량만 넣어도 음식의 풍미가 살아난다. 무침, 조림, 찜 등에 사용한다.

들기름 들깨를 볶아 짜서 만든 기름으로 불포화 지방산이 풍부하여 공기 중에 산화되기 쉽기 때문에 냉장 보관하는 것이 좋다. 무침, 조림, 소스 등에 사용한다.

산초기름 산초열매를 볶아 짜서 만든 기름으로 특유의 초록빛을 띠며 향이 매우 강하고 약간의 매운맛이 특징이다. 추어탕이나 생선회의 비린 맛을 없애 주고 두부부침, 볶음요리에 사용하기도 한다.

땅콩기름 알이 작은 땅콩을 볶아 짜서 만든 기름으로 고소하고 독특한 풍미가 있으며 비타민 E가 풍부해 노화방지에 효과적이다. 샐러드드레싱이나 튀김, 조림, 볶음에 사용한다.

호박씨기름 호박씨를 볶아 짜서 만든 기름으로 호박씨기름에는 마그네슘, 칼슘, 철분, 비타민 B 등이 풍부하다. 샐러드드레싱이나 생선요리, 조림, 볶음에 사용한다.

식초

감식초 감을 숙성시켜 만든 식초이다. 우유에 타 먹거나 샐러드드레싱, 겉절이 등의 무침요리에 넣어 사용하기 적합하며 상하기 쉬우므로 냉장 보관한다.

2배식초 2배식초는 산도가 13~14%로 신맛이 일반식초의 2배 정도 강한 식초이다. 새콤한 맛이 강해야 하는 요리에 주로 사용한다.

현미식초 현미를 주재료로 만든 식초이며, 어느 요리에나 다양하게 쓰인다. 장아찌 등 절임요리에 적합하다.

사과식초 사과과즙으로 사과주를 만들어 초산 발효시킨 식초이다. 모든 요리에 쓸 수 있지만 사과향이 있기 때문에 채소요리 및 샐러드드레싱, 상큼한 무침요리에 잘 어울린다.

김수진표
두루두루 양념장 만들기

맛간장

재료 진간장 500cc(2½컵), 올리고당 ½컵, 무 ½토막(100g), 양파 ½개(100g), 마늘 15쪽, 통생강 5g, 통후추 10알, 물 1컵

- **만드는 법** 냄비에 재료를 모두 넣은 다음 끓어오르면 중간 불에서 10분, 약한 불에서 10분 정도 끓인 후 식혀 면보에 걸러 밀폐용기에 담아 냉장 보관하여 사용한다.
- **보관법** 냉장 보관 시 2달 이상 사용 가능하다.
- **용도** 볶음, 조림, 찜, 무침 등에 사용한다.

다시마간장

재료 양조간장 500cc, 물 100cc, 다시마(가로 10㎝×세로 20㎝) 1장

- **만드는 법** 양조간장에 물을 붓고 중간 불에서 끓어오르면 약한 불로 낮춘 뒤 깨끗이 닦은 다시마를 넣고 10분 정도 둔 후 불을 끄고 간장물이 식으면 면보에 거른 후 밀폐용기에 담아 냉장 보관하여 사용한다.
- **보관법** 냉장 보관 시 2달 이상 사용 가능하다.
- **용도** 국, 볶음, 조림, 장아찌 등에 사용한다.

고추장

재료 고추장 1컵, 올리고당 2Ts, 매실청 1Ts, 고운 고춧가루 1컵, 마늘즙 3Ts, 양파즙 ½컵, 쇠고기육수 1컵

- **만드는 법** 재료를 모두 혼합하여 오목한 팬에 넣어 중간 불에서 나무 주걱으로 저어가며 기포가 생기면 약한 불에서 수분이 스며들어 윤기가 날 정도로 약 10분간 저어 준 후 불을 끈다. 식으면 밀폐용기에 담아 냉장 보관하여 사용한다.
- **보관법** 냉장 보관 시 2달 이상 사용 가능하다.
- **용도** 찌개, 무침, 볶음, 조림 등에 사용한다.

된장

재료 재래식 된장 1컵, 고운 고춧가루 1Ts, 마늘즙 3Ts, 청양고추즙 ¼컵, 다시마물 1컵, 양파즙 2Ts

- **만드는 법** 재료를 모두 혼합하여 오목한 팬에 넣어 중간 불에서 나무 주걱으로 저어가며 기포가 생기면 약한 불에서 수분이 스며들어 윤기가 날 정도로 약 20분간 저어 불을 끈다. 식으면 밀폐용기에 담아 냉장 보관하여 사용한다.
- **보관법** 냉장 보관 시 2달 이상 사용 가능하다.
- **용도** 강된장, 찌개, 무침, 국 등에 사용한다.

쌈장

재료 재래식 된장 ½컵, 고춧가루 2ts, 고추장 1Ts, 다진 마늘 1Ts, 다진 청양고추 1Ts, 다진 파 1Ts, 다시마물 3Ts, 매실청 1Ts, 다진 견과류 1Ts

- **만드는 법** 재료를 모두 혼합하여 밀폐용기에 담아 냉장 보관하여 사용한다.
- **보관법** 냉장 보관 시 7~10일 정도 사용 가능하다.
- **용도** 고기, 쌈, 채소 등에 곁들여 사용한다.

겨자잣소스

재료 잣가루 3Ts, 파인애플즙 2Ts, 배즙 1Ts, 매실청 1Ts, 식초 2Ts, 연겨자 2ts, 꿀 2ts, 소금 ¼ts

- **만드는 법** 잣을 곱게 갈아 준 후 모든 재료들이 잘 섞이도록 저어 준다.
- **보관법** 3일 정도 냉장 보관할 수 있다.
- **용도** 육류요리나 냉채요리에 곁들이면 더욱 풍미를 느낄 수 있다.
- **주의사항** 연겨자가 뭉칠 수 있으니 잘 저어 풀어 주어야 한다.

약고추장

재료 고추장 300g, 다진 쇠고기 70g(간장 1Ts, 설탕 1Ts, 후춧가루 ¼ts), 물 1컵, 참기름 1ts, 꿀 3Ts, 잣 1Ts

- **만드는 법** 다짐육은 양념하여 팬에 넣어 중간 불에서 볶다가 고추장과 물을 넣고 어우러지도록 볶는다. 수분이 스며들고 기포가 전체에 골고루 생기면 참기름과 꿀, 잣을 넣고 윤기가 나면 불을 끈다.
- **보관법** 밀폐용기에 담아 냉장 보관하며 한 달 정도 보관 가능하다.
- **용도** 비빔밥, 볶음요리, 쌈 등에 사용한다.
- **주의사항** 고기를 먼저 볶은 다음 나머지 양념을 넣어 준다.

고추기름

재료 마른 고추 10g(약 5개 정도), 대파 10㎝, 생강 10g, 식용유 500㎖

- **만드는 법** 식용유를 팬에 붓고 중간 불에서 따뜻하게 데운 다음 대파와 생강, 반으로 자른 마른 고추를 넣고 약한 불에서 5분 정도 둔 다음 불을 끄고 1시간 정도 후에 면보에 걸러 준다.
- **보관법** 유리병에 담아 뚜껑을 닫고 냉장 보관하여 사용한다.
- **용도** 육개장이나 매콤한 볶음요리, 중국식 탕류에 어울린다.
- **주의사항** 마른 고추나 기타 향신재료가 타지 않도록 온도 조절에 유의한다.

매실청

재료 황청매실 3㎏, 황설탕 3㎏, 소금 1Ts

• **만드는 법**

1 황청매실은 깨끗이 씻어 물기를 뺀 다음 수분을 완전히 말린다.

2 볼에 매실과 동량의 설탕을 넣고 골고루 섞어 하루 정도 재워 설탕이 녹으면 병에 담고 윗부분에 공기가 통하지 않도록 밀봉한다.

3 약 100일이 지난 후 매실을 건져 체에 거른 다음 청만 병에 넣고 밀봉하여 1년 정도 둔 후 사용한다.

• **보관법** 유리병이나 페트병에 담아 냉장 보관하여 사용한다. 장기보관이 가능하다.

• **용도** 무침요리나 찜요리, 샐러드소스에 설탕 대신 매실청을 사용하면 맛이 한층 깔끔해진다. 장아찌나 김치에 넣어 사용하기도 한다.

• **주의사항** 청매실은 꼭지 부분을 깨끗하게 손질하여야 한다.

양파청

재료 양파 5㎏(20개 정도), 황설탕 5㎏, 소금(천일염) ½컵

• **만드는 법**

1 양파는 껍질을 벗겨 깨끗이 씻은 후 표면의 물기를 완전히 닦아 반으로 자르고, 굵게 썰어 하루 정도 둔다.

2 황설탕 5㎏과 소금을 양파에 넣고 잘 섞어 준 다음 하루 정도 둔 후 설탕이 녹으면 소독한 병에 담고 남은 설탕을 위에 올려 완전히 밀봉한다.

3 100일이 지나 건더기는 건진 후 체에 밭쳐 원액만 병에 담아 밀봉하여 1년 정도 지난 후부터 먹는다.

• **보관법** 밀폐용기에 담아 냉장 보관한다.

• **용도** 고기 양념장, 소스, 조림 등에 사용한다.

• **주의사항** 양파의 겉 표면의 물기를 완전히 없애 주어야 한다.

tip 거르고 남은 양파 건더기는 양파잼을 만들어도 좋다.

요리가 쉬워지는 간단즙 만들기

맛을 한층 업그레이드해주는 즙 만드는 방법이다. 재료 그대로의 즙이니 건강에도 좋고 만들기도 간단하면서 설탕이나 조미료는 덜 사용해도 되는 장점이 있다.

생강즙

재료 생강 100g, 물 1컵

- **만드는 법** 손질한 생강에 물을 넣고 블렌더로 곱게 갈아 면포에 꼭 짜서 즙만 사용한다.
- **보관법** 2주 이내는 냉장, 그 이상은 냉동 보관한다.
- **용도** 육류나 가금류의 밑간에 사용한다.
- **주의사항** 사용 시 생강이 가라앉기 때문에 흔들어서 사용하도록 한다.

tip 즙을 짜고 남은 마늘은 버리지 말고 육수 낼 때나 잡냄새를 제거할 때 사용해도 좋다.

마늘즙

재료 마늘 200g, 물 1컵

- **만드는 법** 꼭지를 제거한 마늘에 물을 넣고 블렌더로 곱게 갈아 준 다음 면포에 꼭 짜서 즙만 사용한다.
- **보관법** 2주 이내는 냉장, 그 이상은 냉동 보관한다.
- **용도** 육류나 가금류요리의 밑간에 사용하면 좋다. 육류요리, 생선조림, 소스용으로 적합하다.

tip 즙을 짜고 남은 마늘은 버리지 말고 육수 낼 때나 잡냄새를 제거할 때 사용해도 좋다.

양파즙

재료 양파 1개(200g)

- **만드는 법** 양파를 블렌더로 곱게 간다.
- **보관법** 2주 이내는 냉장, 그 이상은 냉동 보관한다.
- **용도** 샐러드드레싱, 육류요리, 조림, 김치 등에 사용한다.

파인애플즙

재료 파인애플 200g

- **만드는 법** 파인애플을 블렌더로 곱게 간다.
- **보관법** 2주 이내는 냉장, 그 이상은 냉동 보관한다.
- **용도** 샐러드 소스나 육류요리, 냉채요리에 사용한다.

배즙

재료 배 200g

- **만드는 법** 배는 껍질을 벗기고 씨 부분을 도려내어 블렌더로 곱게 간다.
- **보관법** 2주 이내는 냉장, 그 이상은 냉동 보관한다.
- **용도** 샐러드 소스나 육류요리, 김치 등에 사용한다.

요리가 맛있어지는
간단 두루두루 육수 만들기

국물요리의 핵심은 바로 육수에 있다. 각각의 재료와 어울리는 육수를 만들어 사용하면 한결 깊은 요리의 맛을 느낄 수 있다.

황태육수

재료 황태뼈 100g, 대파 10㎝, 마늘 5쪽, 무 ½개(100g), 물 3ℓ

1 황태뼈는 흐르는 물에 재빨리 씻어 준다.
2 물 3ℓ 에 무와 대파, 통마늘을 넣어 중간 불에서 20분 정도 끓이고 황태뼈를 넣어 중간 불에서 5분, 약한 불에서 5분 정도 더 끓인다.
3 체로 건더기를 건져 식히고 면포에 걸러 준다.

조개육수

재료 조개 400g, 물 3ℓ

1 조개는 옅은 소금물(물 1ℓ , 소금 1ts)에 담가 30분 정도 해감한 뒤 깨끗이 씻는다.
2 냄비에 물과 조개를 넣고 조개가 입을 벌릴 때까지 끓인다.
3 불을 끄고 식혀 면포에 걸러 준다.

멸치육수

재료 국물용 멸치 50g, 다시마 20g, 무 ½토막(100g), 대파 뿌리째 1대, 물 3ℓ

1 멸치의 내장을 제거하고 다시마와 함께 마른 수건으로 깨끗이 닦는다.

2 달군 팬에 멸치를 노릇노릇하게 볶는다.

3 물 3ℓ 에 무를 넣어 센 불에서 20분 정도 끓이다가 볶아놓은 멸치를 넣어 중간 불에서 10분 정도 끓여 준다.

4 10분이 지나면 멸치와 무는 건져내고 다시마를 넣어 1시간 정도 둔 후 면포에 걸러 준다.

쇠고기 육수

재료 쇠고기(양지 혹은 아롱사태) 600g, 물 5ℓ,

향신재료 대파 뿌리째 1대, 양파 200g, 무 ½토막(100g), 마늘 5쪽, 생강 10g, 국간장 ½컵

1 쇠고기는 찬물에 10분 정도 두어 핏물을 제거한다.

2 냄비에 핏물을 뺀 소고기와 잠길 정도의 물을 붓고, 센 불에서 물이 끓으면 불을 끈 후 고기를 건져 찬물에 깨끗이 씻어 준다.

3 물 3ℓ 와 2의 쇠고기, 무, 대파, 양파, 마늘, 생강을 넣고 중간 불에서 30분 정도 끓이다가 쇠고기만 남기고 부재료는 체로 건져 낸다.

4 물 2ℓ 를 더 붓고 중간 불에서 30분, 국간장 ¼컵을 넣고 약한 불에서 20분 정도 끓여 쇠고기는 건져 내고 국물을 식힌 후 면포에 걸러 준다.

찾아보기

저자약력

강경심

〈주요경력〉
공주대학교 식품과학부 교수
농림부지정 식생활교육기관 대표
농어업6차산업화 전문위원

〈주요저서〉
『조리원리』(2018). 창지사.
『양식조리기능사』(2013). 공주대학교출판부.
『고등학교 기술가정교과서』(2011). 삼양미디어.
『중학교 기술가정교과서』(2010). 삼양미디어.
『고등학교 창의적체험활동교과서』(2009). 두산동아.
『중학교 진로와 직업교과서』(2008) 두산동아.
『청소년건강길라잡이』(2005). 공주대학교출판부.

김수진

〈주요경력〉

푸드앤컬쳐아카데미 원장
한류음식문화연구원 원장
식애인 포럼 부회장
평창동계올림픽 [정선군] 메뉴 개발 전체 자문 및 컨설팅 감독
한국보건산업진흥원 주관 [UAE 국비환자 협약의료기관] 교육위원
농림축산식품부*한국농수산식품유통공사 한식세계화 사업 자문위원
드라마, 영화 〈식객〉 국내 최초 음식 감독

〈주요저서〉

『정선군 대표 음식 10선』 (2016)
『이금기 소스를 이용한 한식 레시피북』(2015).
『소문난요리법』(2015). 그리고책.
『발효가족』(2012). 중앙M&B
『쿠첸이 추천하는 손쉬운 건강요리』(2010). 리홈.
『All about HanWoo』(2010). 전국한우협회.
『드라마 식객에 나오는 한국 음식 70(일본어판)』. (2009).
『가장 배우고 싶은 건강주스 40』(2007). 북폴리오.
『한국의 나물』(2005). 한국의 맛 연구회.
『건강 밑반찬(화학 조미료 없이 만드는 엄마 손맛)』(2005)
『양주집(한국의 전통 명주 2)』 (2004)
『한국의 맛 김치』(2004).

김복화

〈주요경력〉

우송대학교 호텔외식조리대학 외식조리학부 교수
국가 조리 기능사 자격증 실기 감독관
(사) 대한 약선 협회 이사
(사) 한국음식문화연구원 이사
서울 성북구청 아동 급식 자문 위원

〈주요저서 〉

『손쉽게 만드는 폐백 이바지 음식』(1998). 혜성출판사.
『조리사 필기시험 대비서』(1999). 혜성출판사.
『한식 조리 기능사 실기 출제집』(1999). 혜성출판사.
『양식 조리 기능사 실기 출제집』(2000). 혜성출판사.
『쌀요리』(2009). 한국소비생활연구원.
『아침식사』(2012). 한국소비생활연구원.

2018년 최신개정

한식조리기능사 실기 및 한식생활요리 완벽 대비

한국음식의 맛과 멋

초판 1쇄 인쇄 2018년 2월 26일
초판 1쇄 발행 2018년 2월 28일

지 은 이 | 강경심 · 김수진 · 김복화
펴 낸 이 | 김기섭
편 집 인 | 이초롱
펴 낸 곳 | 창지사 www.changjisa.com
08589 서울시 금천구 가산디지털 1로 83 파트너스타워 1차 9층
전화 (02)719-2211~3
팩스 (02)701-9386
등 록 | 1977년 4월 28일 · 제1-421호

ISBN 978-89-426-0989-5 (93590)

값 23,000원

이 도서의 국립중앙도서관 출판예정도서목록(CIP)은 서지정보유통 지원시스템 홈페이지(http://seoji.nl.go.kr)와 국가자료공동목록시스템(http://www.nl.go.kr/kolisnet)에서 이용하실 수 있습니다(CIP제어번호: CIP2018006409).